私を可愛いって、ほめてくれるの。
私の発達障がいのこともわかってくれてる
彼のことが大好きよ。
私が風俗で働くのは
彼と一緒にいるためにお金がいるから。

今の幸せが続いていくように、これから何があっても乗り越えられるようにしておこう。仕事のこと、将来のこと、彼とも一緒に考えていこう。

この前見た動画と同じことを
僕も女の人にしてみたい。
もうずっとそのことが頭から離れない。
僕はどうしたらいいんだろう

身体はとても大切なものだから、興味があるからといって、他人の身体に勝手に触れたり、相手が嫌がることをしてはいけないよね。
どうしても我慢ができないときには、気持ちを落ち着ける方法もあるんだよ。

赤ちゃんができたの。
パパは誰だかわからないから
私、一人で育てる。
まずは仕事を探さなきゃ！

おめでとう！ お母さんになるんだね。
まずは無事に出産できるように環境を準備しよう。
無理なく暮らしていく方法も一緒に考えようね。

僕ね、彼のことが好き。
友達とかじゃなくて。
いつか結婚したいと思ってるよ。
親には絶対に言えないけれど。

両親にもいつかわかってもらえるように、君は君の
人生をしっかり歩こう。
人を好きになることは素晴らしいことなんだから。

性の悩みは、人生に大きく関わります。

第二次性徴を迎える思春期には、誰もが周りと自分を比較して悩みを抱えます。
自分は他の人と何かが違う。でも、それが何なのかがわからない。
発達障がいがあると、その自覚のあるなしにかかわらず、性についてとても苦しい思いや経験をしがちです。

小学校高学年・中学生・高校生になると、それまで利用していた放課後等デイサービスなどの支援から離れてしまいがちです。
それまでの療育のような利用の仕方ではなくても、

何かあったときに相談できる支援機関とつながっておくことが大切です。

私たち **相談支援専門員** は
皆さんの **人生の伴走者** として
発達障がいのある人の性の悩みにも向き合い、
サポートしていきます。

相談は転ばぬ先の杖

性の悩みや問題への対応は親や家庭だけではむずかしいです。

子どもは18歳を過ぎるとさまざまな社会的権限が得られます。自分のことを自分で決めることができるようになって、行動範囲も交友範囲も広がります。それまで保護者として養護していたお父さん・お母さんは、「親」という立場で見守ることになります。

この本では、私たち相談支援専門員がこれまでの経験をもとに

発達障がいのある人の性の支援をする際に大切なことをお伝えします。

発達障がいがある人の性の課題は、本人に問題意識がないことが特徴とも言えます。そのため、社会通念上で問題となるような行動に走ったり、性的搾取の対象となるリスクを避けるために、障がいの特性を見据えた丁寧な支援が必要となります。

注1) この本に掲載している事例は、これまで相談支援専門員がかかわった実例を基に、個人が特定されないように加工しており、名前はすべて仮名です。また、この本では、従来の「障害」という言葉を、法令の名称である場合などを除いて、できる限り「障がい」と表記しています。

注2) この本では、性行為・性交渉・セックスの表記を以下の意図で使い分けています。「性交渉」は、性器と性器の結合を伴う、いわゆる性交の行為そのものを指す場合。「性行為」は、性交だけに限らず、キスなどの性に関する行為全般を指す場合。「セックス」は、行為のみではなく、相手に対する愛情などの気持ちを伴っている場合です。

めざめとともに
性と愛の迷路サポートブック

もくじ

めざめとともに　性と愛の迷路サポートブック

発達障がいってなに？ ……………………………………………………………… 8

Case 01　恋愛の相手を求めるのは自然なこと　有効なのは個別の性教育 ……… 10
　　　　　瀬川浩介さん (25才)

Case 02　発達がゆっくりでも　成長すれば人は誰でも恋をします ……………… 14
　　　　　高山健斗さん (25才)

身だしなみと整容について ………………………………………………………… 18

発達障がいがあっても好きな人と恋愛をするために …………………………… 20

Case 03　セフレでも友達になることが大事？　引き換えになるリスクを知って …… 22
　　　　　柏原沙羅さん (20才)

子どもの性行動に適切に対応する ………………………………………………… 26

Case 04　繰り返される性的搾取の陰にある　満たされない愛着の問題 ………… 28
　　　　　川崎由加里さん (30才)

Case 05　DV被害を受けても貢ぎ続ける　対等な関係を築きにくい恋愛の危険 …… 32
　　　　　串本美優さん (27才)

発達障がいと自己肯定感 …………………………………………………………… 36

愛着障がいと発達障がい …………………………………………………………… 38

Case 06　発達障がいがある2人の結婚　周囲の見守り隊が自立を支援 ………… 40
　　　　　水谷朱里さん (26才) ／小林尚希さん (35才)

妊娠と出産を考える ………………………………………………………………… 44

Case 07 援助交際や風俗の仕事 性感染症のリスクについて知ってほしい ………… 46
古賀奈々さん（23才）

Case 08 男性同士の性行為でHIVに感染 治療を受けて新しい日常を生きる ………… 50
津山　琳さん（24才）

知っておきたい性感染症のリスク ………………………………………………… 54

Case 09 いじめのストレスでのめりこんだSNS依存とトラブルを経て支援につながる ……… 58
宮川　翔さん（19才）

ネットやSNS利用に潜むリスク …………………………………………………… 62

Case 10 誰にも言えない セクシャルマイノリティーの苦悩を抱えて ……………… 64
戸塚拓哉さん（19才）

Case 11 発達障がいに気づかないまま トランスジェンダーの生きづらさを抱えて …… 68
鹿島夏海さん（26才）

LGBTQ+ ……………………………………………………………………………… 72

Q&A ………………………………………………………………………………… 74

困ったときに頼れる相談先 ………………………………………………………… 80

あとがき ……………………………………………………… 82

誰にとっても唯一無二の一度きりの人生 ……………………………… 84

発達障がいってなに？

どんな特徴があって、どんなときに困るのでしょうか。

発達障がいとは、脳機能の発達に関係する障がいです。コミュニケーションの障がいと言われることもあり、大抵の場合は対人関係において困りごとを抱えがちです。脳の働きの違いによって生じる障がいなので、本人の努力や、しつけや環境によって治るものではありません。

ひとくくりに発達障がいと言っても、その特性の現れ方は人それぞれみんな違います。発達障がいのおおまかな特徴は次の3つに分類されています。

自閉スペクトラム症（ASD）

以前は症状の重さによって「自閉症」や「アスペルガー症候群」というように区別して診断されることが多かったのですが、これらの特性が虹のように重なり合って出現するため、昨今では「自閉スペクトラム症」と呼ばれることもあります。

自閉症は、言葉の遅れやコミュニケーションの障がい、対人関係・社会性の障がい、強いこだわりなどの特徴があります。アスペルガー症候群では言葉の遅れはないものの、対人関係や社会性の障がい、強いこだわりなどがあり、生きづらさを感じている方も多いのです。

注意欠如・多動症（ADHD）

不注意、多動性、衝動性などの特徴があります。不注意とは、忘れ物が多い、予定を立てたりコツコツやることができない、すぐに気が散るといったことです。多動性の特徴は、じっとしていることが苦手だったり、静かにしていられないなど、集団生活の場で支障になりがちなことです。衝動性とは、例えば、カッとなったときについ手が出てしまったり、思ったことをすぐに口に出してしまうなど、生活や対人関係に支障をきたすようなことです。

学習障がい／限局性学習症（LD／SLD）

知的障がいとは異なり、全体的な知的機能の遅れはないのですが、読む・書く・計算する・推論する、といった特定の学習行為に支障が出るのが特徴で、成績不振の原因となります。学校や職場などで理解してもらえないことがあり、本人の努力不足と勘違いされて叱責され続けると、自尊心の低下につながってしまいます。

このように、発達障がいは自閉症やアスペルガー、ADHD、LD など、分類ごとに特徴がありますが、実際には一人が複数の特徴を併せ持っていることがほとんどです。また、さらに知的な遅れを伴う場合もあります。

恋愛や性への影響

発達障がいの特性は、家庭内の親子関係や学校での勉強や活動、人間関係、仕事や会社での人間関係のほかに、恋愛や性にも影響します。発達障がいがあると、日常的に不安を強く感じやすかったり、そのことによって何かに依存しがちになる場合があります。また、先のことを想像したり、見通しを立てて物事を考えることが苦手な場合があり、これらの特性は性的な行動とも非常に結びつきやすいと考えられています。

下の図は、恋愛において一般的に人と人とが出会ってから変化していく関係性と、それに応じたステージを表したものです。この図の矢印は次のステージに進むためのプロセスを表しており、コミュニケーションを意味します。そして"次のステージに進む"とは、そのコミュニケーションによって築かれる対人関係の結果と考えられます。

発達障がいがあると、その特性によってこのコミュニケーションと対人関係に困難を抱えることが多くなるため、この矢印の部分すべてで何らかのトラブルが起こりがちです。ですから、それぞれの矢印やステージごとに、本人の希望と特性を考慮した支援を行っていく必要があります。

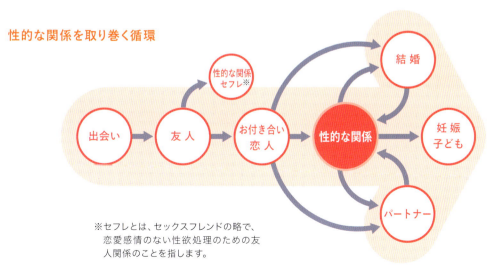

性的な関係を取り巻く循環

※セフレとは、セックスフレンドの略で、恋愛感情のない性欲処理のための友人関係のことを指します。

高校の頃から仲の良かった友人に
この前「最近あまり会ってないね」と言ったら
「実は彼女ができたんだ」と教えてくれた
別の友達は来月結婚する

卒業してもずっと付き合いが続くと思っていた仲間は
いつの間にか大人になっていた

自分は…
就職もできていないし　車の免許も持っていない
ずっとダサいとか　オタクっぽいって言われてきた
モテ要素なんてはっきり言ってゼロ
女の子とまともに話なんかしたこともないしさ

でも…やっぱり
みんなと同じように　彼女を作りたいよ

瀬川 浩介さん
25才

Case 01

恋愛の相手を求めるのは自然なこと
有効なのは個別の性教育

　高校から専門学校へ進学した浩介(こうすけ)さんは就職活動に臨んだのですが、吃音(どもり)があることで、面接でどうしてもうまく話すことができず、就職できませんでした。その頃、浩介さんのお兄さんに発達障がいがあることがわかり、両親がもしかしたらと心配して検査を受けさせたところ、浩介さんにも発達障がいがあることがわかったのでした。

　病院で福祉サービスの利用を勧められ、就労に向けての支援を受ける手続きのために役所に行きました。浩介さんは、これまで自分がみんなと同じようにできないことにずっと悩んできて、その理由が発達障がいのせいだとわかったことには少しホッとしたのですが、自分が障がい者だということは受け入れたくありませんでした。役所では相談支援事業所の一覧表をもらって、その中から利用先を自分で選ぶのですが、事業所名に"介護"と入っているところは抵抗があって候補から外していました。

　それから浩介さんは就労移行支援事業所に通い始め、パソコンの使い方、会社で働く上でのマナーや社会人としてのスキルなどを学びました。

　こうして就職に向けて再スタートを切ったのですが、高校時代から仲の良かった友達と会うたびに、自分だけが取り残されていくような焦りを感じるようになりました。就職して社会人になっていた同じ歳の友達たちに彼女ができたり、中には結婚が決まった友達も出てきたのです。それなのに、就職でつまずいてしまっている自分には、そんな将来はもう無理なんじゃないだろうかと悲観した浩介さんは、相談支援専門員の私に面談の際にその不安を話してくれたのでした。

　発達障がいがあっても、好きな人とお付き合いをして結婚して、子どもを持つことだってできるよ。私は浩介さんに根気よく向き合うことにしました。

　しばらくして、浩介さんは「辻さん! 僕、彼女ができました!」と嬉しそうに報告に来てくれました。

おしゃれ、デート、性的コミュニケーションの方法をレクチャーします。

まずは清潔感を保つことと、外見みがき。少しずつ自信をつけて、彼女ができたら、コミュニケーションとセックスのことを具体的に伝えます。

　仕事に就けたら、一人暮らしがしてみたい。そして彼女も欲しい。面談の中で、浩介さんはそのような人生の希望を聞かせてくれたのでした。どうしてそれが叶わないと考えてしまうのか聞いてみると、まず外見に自信がないという答えが返ってきました。友達からも格好がダサいとかオタクっぽいとよく言われるが、服や髪型などに興味が持てないということでした。

外見の印象は対人関係に大きく影響する

　浩介さんは眼鏡をかけていて、いつもレンズが汚れています。まずは眼鏡の掃除の仕方をヘルパーさんに教えてもらい、汚れていることを指摘されたら自分で掃除するように声かけをしてもらうことになりました。爪が伸びたら切ることもです。発達障がいの特性として、入浴や歯磨きを嫌ったり、できなかったりすることがあります。整容に無頓着で不潔な印象は他人に不快感を与えて、第一印象で拒絶されてしまうことをよく話して理解してもらいます。

　こうして清潔感を保てるようにすることと並行して、移動支援を使ってヘルパーさんと買い物に行き、服や靴を選んでもらいました。いつもの床屋ではなく、美容室にも行って髪を染めてみたり、眼鏡を変えて、服もおしゃれになっていきました。すると浩介さんはだんだんと表情も明るくなり、自分から誰かに話しかけることも増えていきました。

SNSで知り合った彼女と初めてのデート

　浩介さんは周囲の人から「その髪型、似合ってるね」などと声をかけられることで、少しずつ自信がついてきたようです。もちろん、外見を整えればモテるというものではありませんが、この変化は浩介さんを積極的にしました。

　これまで女の子とまともに話したことがないと言う浩介さんですが、ある日、SNSで知り合った女の子と会う約束をしました。発達障がいがあって通院していることも話した上で会ってくれることになったそうです。初デートです。どんなことを話せばいいのか、何をしちゃいけないのか…。

浩介さんから相談を受けて、私たちはアドバイスをしました。
- 彼女と会って話をしているときはスマホを触らない。
- 女の子の身体に触れるときは、了解を得てから。
- 初めて会った日には、キスやエッチなことは我慢する。

さらに、彼女とデートに行くときのお金のことも話しました。彼女とは対等な関係を保つためにも、割り勘（男性が少し多く出すのはOK）にして、お互いにお金で依存関係にならないこと。そしてデートでのマナーについてです。浩介さんは、彼女と行く予定の場所に、前もって支援者と一緒に行って予行演習をしました。予算内で食事ができるお店選びや、もしも食べこぼしたときの対処の方法などもです。突然の出来事に対応するのが苦手な浩介さんなので、こうしたことも前もって予行演習することが大切でした。

そして迎えた初デートの日。彼女とファーストフード店でハンバーガーを食べている間は、緊張のあまりほとんどしゃべれませんでした。ところがその後カラオケに行って、そろそろ帰ろうかというときに、なんと彼女の方からホテルに誘ってきたといいます。私たちから「順番が大切」と言われていたことを思い出し、浩介さんは「付き合ってないからエッチはできない」と言いました。すると彼女は「じゃあ、今日から付き合いましょう」と言ってくれたそうです。とても嬉しかった浩介さんは、彼女に「抱きしめてもいいですか？」と聞いて、初めてお母さん以外の女性を抱きしめました。

セックスや避妊・性病についてレクチャー

「僕、彼女ができました！」浩介さんはその日のうちに、彼女ができたことを私に報告してくれたのでした。

それから私たちはすぐに、セックスについて浩介さんに話すことにしました。妊娠や性病のリスクについても丁寧に伝え、一緒にコンビニにコンドームを買いに行きました。そして本や動画を使ってセックスの仕方を見せて、コンドームの使い方も練習しました。また、女性の相談支援専門員との面談もセッティングして、女性の身体のことや女性の気持ちについても話をする機会を作りました。

両親にも報告して、みんなで見守っていく

しばらく順調な交際が続いたのちに、浩介さん本人の希望で、彼女がいることを両親にも伝えることになりました。

彼女とSNSで知り合ったことを怒られたり反対されることを恐れていたので、私が加わって三者面談にしました。両親は驚いて「大丈夫なの？ 相手の両親は知っているの？ まさか身体の関係は？」と質問攻めでしたが、浩介さんは成人した男性なのですから普通に健全で、素敵なことだということをお話しして、だんだんと納得してもらえたのでした。

これからも、何かあったらトラブルになる前に相談に来て欲しい。こうして今も２人のお付き合いを見守っています。

今日もあの人に会える
お母さんのことは大好きだけど
あの人はお母さんとは違う

あのマンガに出てくる
あの子に良く似てる！
可愛いくてやさしいあの女の子に

何だろうこの気持ち
あの人がいつも心に浮かんでる
きっとあの人も僕と同じ…

いい匂いがする　触りたいな
そんなことを考えてたら
夢に出てきて
僕を好きだって言ってくれた

高山 健斗さん
けんと
25才

Case 02

発達がゆっくりでも
成長すれば人は誰でも恋をします

　発達障がい（自閉スペクトラム症／ASD）と知的障がいのある健斗さんは、子どもの頃は特別支援学校に通いました。卒業してからは就労継続支援B型の事業所で働いています。ずっとお母さんと弟の3人で生活していましたが、22歳のときにお母さんが病気で急に亡くなってしまいました。弟とは折が悪かったため、その後は福祉による生活サポートとヘルパーさんによる訪問支援を受けながら、アパートで一人暮らしをしています。

　健斗さんには男性1人、女性2人のヘルパーがほぼ固定で担当しています。もともとお母さんが大好きで、お母さんの生前は常にべったりと一緒に行動していたのですが、亡くなってしまってからは女性のヘルパーさんに甘えるように接するようになっていました。

　女性ヘルパー2人のうち1人はお母さんと同年代なので、本当にお母さんの代わりのようでした。健斗さんには強いこだわりと、空気を読むことが苦手、対人の距離が近くなりがちなどのASDの特性があるため、部屋にヘルパーさんが訪問しているときなどには、話をしながら対面で30cmの距離まで近寄ってしまうことがよくありました。

　もう1人の女性ヘルパーのマユミさんは30代前半で若い人だったので、お母さんとは違う女性として認識していたようでした。そして健斗さんが大好きなマンガに出てくる女の子のキャラクターに雰囲気が似ていたようで、そのイメージが重なり、マユミさんに対して異性として意識するような行動がだんだんと増えてきました。

　マユミさんが訪問すると、健斗さんはメモ用紙にしたためたラブレターを渡すようになりました。そのうちに性的な想像から興奮して鼻息が荒くなることがあったり、マユミさんの顔写真を貼った別の女性のヌード写真をマユミさん本人に見せたりするようになってきたのでした。

異性との適切な距離や、自慰の方法を一緒に考えて伝えます。

恋をするのは成長の証です。性の目覚めを否定せず、自然なこととして気持ちを汲み取り、必要になることを丁寧に伝えることが大切です。

女性ヘルパーさんへの初恋

　健斗さんのマユミさんへの思いは、まさに初恋でした。健斗さんは、外見は20代半ばという実年齢相応に見える比較的大柄な青年ですが、精神年齢は14〜5歳で、ちょうど中学2年生ぐらいです。つまり今は異性が気になる思春期真っ只中ということになります。その年頃の男の子が大抵そうであるように、健斗さんの頭の中はマユミさんに対する妄想でいっぱいになっているようでした。

　室内でのマユミさんとのマンツーマンでの支援は中止にして、別の担当に切り替えることになりましたが、性の目覚めは自然な成長の証でもあります。この成長への対応として、男性スタッフを交えて女性とのかかわり方などを話し合うことになりました。

自慰行為の方法とする場所を伝える

　健斗さんは、マユミさんがよく夢に出てくると言っていました。最初の頃は、夢の中で「服を買いに一緒にデートした」「マユミさんが僕に結婚したいって言った」「一緒にご飯をつくって、あーんと言って食べさせてくれた」といった子どもっぽさも感じられる内容でしたが、だんだんと様子が変わってきます。マユミさんが夢に出てきて裸になったり、自分に「好きよ」と囁いてくれたりと、性的な願望が出てくるようになり、そのときに男性器が反応するようになったということでした。

　そこで、男性のヘルパーさんが健斗さんに正しい自慰行為について、その方法を伝えることにしました。男性ヘルパーさんが自費サービスで健斗さんの自宅に泊まり、本人が日ごろ見ているアダルトサイトやヌード写真などを見せてもらったり、妄想に付き合って話を聞いているうちに、健斗さんの下半身が反応ため、一緒にトイレに行って自慰の方法を伝えました。そして、「ここでは自慰行為をしていいよ」と自宅のトイレを指定し、それ以外の場所ではしないように伝えました。

距離感を適正に保つトレーニング

人との距離感は社会で生活する上で非常に大切で、特に異性との適正な距離を知ることは必要です。発達障がいの特性によってですが、特に一方的に気持ちが入っているときの距離感は非常に近くなりがちです。別の発達障がいがある人のケースですが、道で女子高生の後ろを歩いていたら、漂ってきたシャンプーの良い匂いに誘われてどんどん距離が近くなってしまい、その女子高生に痴漢と間違われて悲鳴を上げられ、警察沙汰になってしまったことがありました。

ただし、本人にしてみれば距離が近くなってしまうのは無意識でのことなので、トレーニングは負荷がかかる上に、本人にとって何かメリットを実感できるものでもありません。そこで方法としては、私たちと接する際に、距離が近くなったら指摘して離れてもらうということを繰り返し続けることになります。

根気よくこのトレーニングを続けることで、健斗さんはどんなときでも人との距離が保てるようになってきました。そのご褒美として、年に1〜2回、好きなヘルパーさんたちと野球観戦に行くことにしました。

恋の行方

健斗さんのマユミさんに対する思いはその後も変わらず、よくラブレターを書いて渡しています。健斗さんにかかわる私たちスタッフも、恋をしたこと自体は否定することはありません。ただし、マユミさんは利用者である健斗さんの気持ちに応じることはないので、そこは健斗さんにわかってもらわなければなりません。「マユミさんは健斗さんのヘルパーさんで、お仕事で来ています」「お仕事以外のことは受けません」「今の恋は次に好きな人ができたときのための練習です」とお話するようにしました。

すべての人は発達段階を経て恋愛ができる

人の発達は、誰しも必ず同じ段階を経て大人になります。ただ人によってゆっくりな人がいれば早い人もいますし、身体的な事情もあるかと思いますが、その人の心の発達段階に達すれば恋をします。社会経験が少なければ少ないほど、純粋な恋愛感情が生まれるのではないかと思います。その一方で、発達障がいなどのコミュニケーション面での困難を抱えている場合は、その感情を他者に読み取ってもらえなければ、その発達状態・成長をわかってもらうことが難しくなります。だからこそ、支援者は日ごろから一人ひとりと丁寧に接することで、その方の思いを具体的に言語化していくことが必要なのです。

健斗さんはまだマユミさんのことが好きなようですが、もしもこの先、また別の人に恋をしたとしても、その成長を経験に変えて人生を歩んでいけるように支援していきたいと思います。

身だしなみと整容について
客観的に「自分が他人からどう見えているか」を想像することが苦手

発達障がいの特性とのかかわり

　身だしなみを整えることが苦手…。実は発達障がいのある人の中には、程度の差はあれど、こうした方が少なからず見受けられます。

　そこには発達障がいの特性がかかわっていることがあります。他者の目線になって、自分が周りからどのように見られているのかを想像することが難しい特性がある人の場合、お風呂に入っていなくても、歯を磨いていなくても、自分が平気なのであればそこに何も問題はないのです。そのため、身だしなみを整えるといったことはとても重要度が低く、ただ面倒なことでしかありません。特に疲れているときや眠いときなどは後回しにしてしまいがちです。

　また、発達障がいがある場合、感覚過敏がある率も高いと言われています。普通ではなんでもない小さな刺激が耐えがたい痛みに感じられるなどの影響で、歯磨きや入浴が苦手な場合もあります。協調性運動障がいが併存していることもあり、手先の不器用さから、髪の毛をとかしたり、化粧をするのが苦手な方もいます。

周りが感じる異質や不快感

　不潔な見た目や匂いで、周りに不快感を抱かせてしまうような身だしなみや衛生観念の欠如は、社会生活の中でさまざまな弊害を生みます。何日も着替えていなかったり、きちんと洗えていない服を着て学校や職場に行けば、周りからの「臭い」「汚い」などといった陰口やいじめの対象になりかねません。そのようなことが続くと学校や職場にも行きづらくなってしまいます。思春期になると、クラスメイトが服装や髪型などの見た目を気にするようになってくる中、身だしなみに無頓着だったり、上手にメイクができないといったことで、その仲間に入っていきづらくなったりして関係性が変わってきてしまうこともあります。

自分は気にならなくても周りが許さない

　自閉スペクトラム症（ASD）のA君はお風呂に入ることはできるものの、頭を洗うのが苦手でした。もともと顔に水がかかることに対して極度に不安が強かったのですが、幼い頃にお風呂で両親に無理やり頭からお湯をかけて洗髪された体験がトラウマになってしまい、大人になっても

苦手意識が続いています。就職した会社の寮で生活していたのですが、頭を洗わずにいても、誰も自分を注意する人がいないのでずっと洗髪をしませんでした。

ところがしばらくして、他の社員から「髪の毛がベタついている」「フケが出ている」「臭う」などと言われるようになってきました。その頃にはもう、A君とかかわってくれる人は誰もいなくなっており、職場に居づらくなってしまって退職することになりました。

発達障がいがあって手先が不器用なBさんは、就労移行支援に通ったのちに希望の職場に就職することができました。朝、出社するために化粧をするのですが、毎回1時間以上かかってしまっています。手先の不器用さに加えてこだわりの強さがあり、なかなか思い通りのメイクができないためでした。丁寧にやろうとするほど厚化粧になってしまうのです。ファンデーションの量が多くなり、お面のようになってしまったり、チークを塗りすぎて酔っ払いのようになったり、眉毛が左右違っていたり、ときには口紅が歯についていることもありました。そのことを同僚の女子からからかわれるようになり、だんだんと仕事に行くことが苦痛になってしまったのです。

整容を手伝う支援も受けられます

整容がきちんとできないということは、マナーとしての清潔感が損なわれてしまい、人間関係や社会生活を困難にすることがあります。

こうした発達障がいの特性に由来する困難にも、サポートがあります。A君は洗髪のほかにも掃除や片付けが苦手といった生活上の困りごとがあったので、ヘルパーさんのサポートを利用して寮の部屋の片付けを手伝ってもらったり、「そろそろ頭を洗おうか」といった声かけをしてもらうことになりました。

Bさんは移動支援のヘルパーさんと一緒にデパートの化粧品売り場に行き、店員さんに相談して、Cさんに合った自分でもできる化粧の方法を教えてもらいました。自然なメイクができるようになったことで自信を取り戻し、今では仕事をがんばれています。

自分自身の苦手な整容を専門家に相談することによって、苦手があっても悩みを解消できる方法を教えてもらえることがあります。おしゃれに関しても、支援者と一緒に服を選んだり、美容室に行ったりすることもできます。こんなことで…と思わずに、まずは相談してみてください。

発達障がいがあっても好きな人と恋愛をするために
人を好きになることは、素晴らしくて素敵なことです。

思春期を迎えると、身体の成長とともに心も変化していきます。友達の中の、特定の誰かのことが急に気になったり、好きになったりすることは、心の成長の証(あかし)でもあります。誰かのことが気になり出すと、その相手からも自分を気にしてもらいたいと思いますし、その人を好きになれば、相手にも自分を好きになってもらいたいと願うようになります。この「好き」という感情は一体何なのでしょうか。

「好き」ってどういう気持ち?

発達障がいのある人にとって、物のように形も重さも手触りもない「恋愛」とは、とてもつかみづらい感覚なので、困難がつきまとうとも言われています。しかし、誰かのことを好きになったり、恋愛感情が芽生えるのは素敵なことです。素晴らしいことなのですから、そのことを否定したり、止める必要はまったくありません。

特定の相手と「もっと話したい」と思ったり、「どんなことに興味があるのかな」「恋人はいるのかな」など、相手のことをもっと知りたいと思ったり、その思いが募るにしたがって「自分のことをどう思っているのだろう」という、相手に自分を見て欲しいという欲求が生まれてくることもあります。

そこから、相手に触れたい、性的な関係になりたいと考えるようになることもあるかもしれません。相手のことを思うあまりに、一人でいるとつい今相手がどこで何をしているのかが気になってしまい、居ても立っても居られなくなって電話やメールを送ってしまったり、相手からの連絡を待ちわびてソワソワしてしまうことがあるかもしれません。

でも、ここで、こうした気持ちが相手のことを「好き」ということなのかどうかを、一度冷静に考えてみましょう。そして、その人とこれからずっとどのような関係でいたいのかを自分なりに考えてみることも大切です。

突っ走ってしまいそうなとき、少し立ち止まって考える時間も必要です。その人と恋愛をすることによって、傷つく人はいないか、その人は本当にこれから行動をともにしたり、自分の大切なものを預けても良い人なのか…。

相手のことで頭がいっぱいになってしまっている最中に、「一度冷静になる」のは難しいことだと思います。そんなときは一人で決めて行動する前に、誰か相談できる人に話してみましょう。

自分の苦手をわかってもらう

　発達障がいがある人の恋愛で一番大切なことは、相手に自分の特性を伝えるということです。これは恋愛に限らず、周囲の理解を得ることは、学校や職場などの社会生活の場でも、人間関係を構築する上でとても大切です。

　例えば注意欠如・多動症（ADHD）の特性があり、約束や予定を記憶しておくことが難しい場合は、「デートの約束とか、記念日とかはカレンダーに書いてもらえるかな？」「約束の前日と当日に電話をもらえると助かる」など、自分の特性をわかってもらい、手伝って欲しいことを伝えましょう。

　自閉スペクトラム症（ASD）の特性があると、会話を言葉の通りに捉えてしまったり、ストレート過ぎる言い方をして関係が悪くなってしまうことがあります。相手の考えや気持ちを察するといったことが苦手な場合、「その服似合っていないよ」とか「変な髪型だね」など、自分が思ったことを正直に悪気もなく口に出してしまいます。相手がショックを受けて「そんなこと言うなら、嫌いになるから」と言うと、本当のことを言っただけなのに、どうしてわかってくれないのだろうと不思議に思ったり、「そうなんだ。じゃあ、さようならだね」と考えてしまう人もいます。

　恋愛の中では会話の中で「押したり、引いたり」といったやりとりが交わされることがありますが、こうした駆け引きや曖昧な表現が苦手だというのをわかってもらうことは、関係性を築いていく上でとても大切なことなのです。

まずは自分を好きになることから

　発達障がいがあってもなくても、人にはそれぞれ特性があります。それはおかしいことでもなんでもなくて、それが個性であり、その人そのものなのです。恋愛とはその個性をお互いに理解し合い、認め合うことで成り立っていくものです。

　好きになった人との恋愛を大切に育んでいくためには、まず自分自身を理解することです。それは自分自身を認めることであり、自分自身を好きになることでもあります。自分を愛することができないと、他人のことを認めたり好きになることはできないでしょう。

　発達障がいがある人はその特性がゆえに、社会の中で失敗したり、人一倍傷ついてきた経験がある人も多くいます。そのような過去が邪魔をして、恋愛を上手に進められない人も多いのです。

　誰かを好きになったときというのは、自分自身を見つめ直す良い機会でもあります。日頃から気になっていた自分の特性について誰かに相談したり、病院を受診するなどして正しく把握するようにしましょう。そうして自分のことがわかってくると、対処法についても考えることができます。福祉的な支援を受けながら、自分自身の特性と上手に付き合いつつ、ともに支え合えるパートナーとの関係をより良いものにしていくことも可能なのです。

この人いいな〜って思ったらすぐ
ご飯食べに行こうよって誘っちゃう
だってもっと仲良くなりたいじゃん？

一緒に遊んで楽しいのは
気が合うってことなのよ
好きなものが一緒なのは
わかり合えるってこと！

気に入ったらエッチすれば
私たちはもう友達！
いつでもLINEで話したり
暇なときに会おうって連絡し合える
ずっと私とつながっていてくれる

別に彼氏ってわけじゃなくて
男友達がたくさんいるってこと

柏原 沙羅(さら)さん
20才

Case 03

セフレでも友達になることが大事？
引き換えになるリスクを知って

　沙羅さんは学校の成績は振るわなかったのですが、活発な女の子です。その社交的な性格から学校の内外に友達がたくさんいて、高校生の頃から、夜遅くまで友達と遊ぶことがありました。毎月のお小遣いとわずかなバイト代はすべて遊ぶお金になっていました。

　高校を卒業してから地元の飲食店でアルバイトを始めますが、1か月もしないうちに辞めてしまいます。愛想が良くて面接にはいつも難なく合格するので、すぐに次のアルバイト先が見つかるのですが、ADHDがあるため、何度も同じ間違いをして注意を受けたり、うっかりミスが多くてよく怒られ、いつも居心地の悪い思いをしていました。また、もともと遅刻が多い上に双極性障害があるため、気持ちがひどく沈んでしまったときには無断欠勤してしまうので、なかなか仕事が続きませんでした。

　家では両親と顔を合わすたびに親子喧嘩が絶えず、どうにかしてちゃんとした仕事に就いて、お金を溜めて早く家を出たいと思っていました。そこで障害年金の申請と就労の希望があったため、相談支援事業所を訪れたのでした。

　常に誰かと会う約束をしていて、友達の紹介で知り合った人や、またその人が連れてきた仲間とも遊ぶ…という具合に、次から次へと交遊範囲を広げていた沙羅さん。

　ところがよくよく話を聞いてみると、その男友達の全員と身体の関係を持っていました。ご飯を食べに行こう、遊ぼうなどと連絡が来て会うと、相手からは当然のようにセックスを求められ、沙羅さんはいつも応じていました。それでご飯を奢ってもらったりすることもありました。相手はあくまで友達で、不特定多数というわけではありません。つまりいわゆるセフレと言われる、恋人同士のような恋愛感情のない、性欲処理のための友人関係といつものでした。

　毎日友達と楽しく過ごしているように見えた沙羅さんですが、心の中はいつもぽっかりと穴が開いているような気がしていたと言います。

セックスと妊娠について、もう一度正しく知る機会を作ります。

思わぬ妊娠や病気の感染のリスクに加えて、自分の心と身体は自分だけのもので、大切にしなければならないことを丁寧に伝えます。

沙羅さんは言葉で気持ちを伝え合うことがもどかしく、相手の気持ちがわからないまま不安に過ごすような時間が苦手です。気になる物や人に向かって全身全霊で向かって行き、すぐにその答えを求めます。こうしたADHDの特性から情緒が不安定になりがちな沙羅さんにとって、自分の好意と同じかそれ以上の好意を、相手が自分に対して持っているかどうかを確かめるための一番手っ取り早い方法が身体の関係を持つことでした。

友達を作るのも、バイト先で上司や先輩に気に入られるように人間関係を作るのも、身体の関係を持つことが一番早いのだと本当に思っていたのです。むしろそれしか方法を知りませんでした。

また、他人との距離感が近くなりがちで、特に相手が男性の場合は、話をしているうちに相手の手や肩などを触ったり、足に手を置いたり、べったりとくっついてしまうことがあり、男性から自分に気があるのだと勘違いされやすい行動を取ってしまうことがありました。

十分とは言えない学校での性教育

性教育は小学校や中学校で受けていましたが、男女の身体の違いや、妊娠や生理のことが主だったと言います。セックスや避妊、病気のことについてはコンドームを使うことを教科書で見たという程度でした。それでもほとんどの生徒は自分ごととして考えて慎重に行動できるのですが、発達障がいがあると、知識と実際がリンクしにくい場合があり、また、その行為の先にあるものを想像することが難しかったりもします。

それでも、沙羅さんは女友達とのおしゃべりの中で「彼氏がコンドームをつけたがらない」というような話題が出ることがあり、なんとなく気になったこともありました。そのことをセックスの相手の男友達に言うと、「俺は上手いからそんなヘマはしないよ」と言われた沙羅さんは、疑うことなく「そうなんだ」と安心していました。あまりしつこく言って関係が壊れるのも嫌でした。

無防備なセックスのリスクを知る

そこで相談支援事業所では、沙羅さんに自分の身体のことをよく知ってもらうために、もう一度、セックスと妊娠、避妊や病気のリスクについて、一緒に考えて丁寧に伝えることにしました。

セックスはお互いの愛情を確かめる行為であると同時に、生命を授かるための大切な営みでもあること。だからセックスはその責任を一緒に考えてくれる相手とすること。妊娠を望まない場合は避妊をすること。避妊は女性の権利でもあるので、決して男性まかせにしないこと。コンドーム以外にも避妊の方法があることなどを伝えました。

また、性行為によって感染する病気についても詳しく伝えました。コンドームが避妊だけではなく、感染予防に有効であることもです。

沙羅さんは、あまりにも自分が知らなかったことばかりでとても驚いていました。今までこんなことも知らずに、いろんな男友達とセックスをしていたことが怖くなったと言います。

立ち止まって考えれば、これからでも遅くない

「まず自分が自分を大切にしないと、誰も沙羅さんのことを大切にしてくれないよ。残念だけど、今、身体の関係でつながってる男友達はみんな、ちゃんと沙羅さんのことを見てくれていないんじゃないかな」そう言うと、沙羅さんは黙って小さくうなずきました。そして少し考えてから、「自分を大切にするってまだよくわからないけど、でも確かに、好きになった人が誰とでもやってたら嫌だし、病気とか持っていたら嫌だよね」そして「自分の身体をそういう風に使うのはやめる」と言いました。

今でも気分が沈んだり、うまくいかないことがあると、沙羅さんはいつも泣きながら電話をくれます。私たちは沙羅さんがこれから少しずつ成長して、丁寧に人間関係を築けるようになって欲しいと願っています。

子どもの性行動に適切に対応する

見て見ぬ振りをせずに、その都度向き合って環境を調整することが大切。

心身が子どもから大人へと変化する第二次成長期（第二次性徴期）は、個人差があるものの、概ね女の子が9歳ぐらいから、男の子が11歳ぐらいから始まります。一般的にはこの時期に合わせて学校で性教育が行われます。

ほぼ同時にやってくる思春期とも合わせて、保護者にとっても成長の喜びを感じるとともに、不安を覚える時期でもあります。この第二次成長期を迎えてから、我が子の性について気にかけるようになる方が多いのです。

しかし発達障がいのあるお子さんには、特性のほかに、思春期以前の幼児期から性についての感覚や行動において、ほかの子どもたちとは違いが見られます。

適切な男女の距離感のつかみにくさ

発達障がいの特性の一つとして、他人との距離感をつかむことが苦手ということがあります。

幼稚園や保育園、小学校の低学年ぐらいまでは何をするにも男の子も女の子も一緒ということが多いので、一緒に遊んだりじゃれ合ったりということは当たり前な風景です。しかし小学校中学年以降になると、男の子も女の子も異性を意識し始めるようになって、それまでのように触れ合ったりくっついたりという行動は減っていきます。

ところが発達障がいのあるお子さんの場合、思春期以降もこの男女の距離感が近いままのことがあります。男の子の場合、性的な意図はなくても頻繁に女の子の身体に触れるコミュニケーションをとることで、周囲から浮いてしまったり、からかいの対象となってしまうことがあります。

女の子の場合にも、距離感が近いことによって周囲の男性に対して誘っているかのような誤解をされてしまい、トラブルになることがあります。

放課後等デイサービスを利用するメリット

また、小学生の頃から異性に強い関心を持つ場合もあります。家庭では気づかれにくいのですが、集団行動や療育中に必要以上に異性にくっついたり、自慰行為に目覚めるようになると、人目のある場所で服の中に手を入れたり、床や物の角などに陰部をこすりつけるようにして刺激したりといった行動が見られるようになり、学校や放課後等デイサービスで指摘されるようになります。

これらは問題行動とみなされて保護者に連絡が行きますが、家庭や学校では口頭での注意などに留まることや、対応しきれないことがほとんどです。性教育は家庭よりも学校に任されているのが現状であり、その学校での性教育の内容については、定型発達の子には十分であっても、発達障がいのある子の場合には理解できていないことが少なくありません。

そこで利用したいのが放課後等デイサービスです。療育スタッフだけでなく心理の専門家がいるので、子どもの特性に配慮しながら、親では難しいことを上手に子どもに伝えてくれます。

本能を抑えることよりも環境調整を

性に関わる行動は、人間の本能に基づく衝動的なものであることがほとんどです。特に発達障がいがある場合、その本能を抑える理性の弱さや社会性を欠く特性によって問題行動をとってしまうのですが、その「問題行動」とはあくまで周囲の認識であり、本人の動機は異なります。その行動に至った本人の考えや心理を知り、そこから支援ニーズを拾い出して環境調整を行う必要があります。

たとえば、異性の友達をずっと気にしていたり、必要以上に身体を密着させたりといった行動が出たときには、すぐに何かお手伝いをお願いしてその場から離します。つい手持ち無沙汰になって陰部を触ろうとしたときは、両手におもちゃを持たせて遊ばせるなど、気をそらせるようにします。このようにして、性行動自体を頭ごなしに叱ったり否定することは避けます。自慰についても、例えば自室やトイレなど、しても良い時間や場所を本人と話して決めておき、それを守れればOKとします。

人と接するときの基本的なルールを伝える

相手が異性であっても同性であっても、他人の身体を触るときは、その前に必ず相手の許可をとるという習慣をつけることも有用です。「髪の毛を触っていいですか？」「手を触っていいですか？」というように、まず言葉で相手に尋ねることを習慣づけます。こうしたトレーニングも、家庭や学校ではなかなか難しいのですが、療育の一貫として多くの放課後等デイサービスなどで取り入れられています。

このようにして、子どもの頃から性に関するルールを守ることで、問題行動にさせないようにしていくことが大切なのです。

あたし小さい頃から
怒られてばっかりだった
いつも「おい！なにやってんだ！」
「どけ！役立たず！」って
お父さんは怒鳴った

お母さんが出て行って
あたしが働くようになってからは
同じ家の中だけど　話すこともない
話しかけるとイライラさせるみたい
あたしが家のこととか上手くできないから
悪いのはあたしだから…

男の人の声で「ユカちゃん」って呼ばれると
なんだかうれしい
あたしにやさしくしてくれて
「ありがとう」って言ってくれる
それがうれしい

川崎 由加里さん
30才

Case 04

繰り返される性的搾取の陰にある満たされない愛着の問題

　ショッピングセンターの中にある焼き立てパンのお店で働いている由加里さんは、色白で少しぽっちゃりとした可愛らしい印象の女性です。お昼どきの忙しい時間や夕方も、もくもくとレジ打ちをこなし、残り少なくなった商品を補充したりといったルーティンの仕事が得意でした。他のパートの中年女性たちと一緒に働いているときでも、口数の少ない由加里さんはおしゃべりに一生懸命な彼女たちには加わらずに、1人で作業をしています。

　由加里さんは発達障がい（自閉スペクトラム症／ASD）があり、パン屋へは就労移行支援を経て就職しました。10年ほど前に両親が離婚してから、由加里さんはずっとお父さんと2人でアパートで暮らしています。由加里さんは家事がうまくできないということで、相談支援事業所でヘルパーさんを紹介し、家事援助に入ってもらっていました。

　いつもお昼にパンを買いにくるジュンヤという若い男性が、由加里さんに興味を持ったようで話しかけるようになりました。くったくのない笑顔で話しかけてくるジュンヤに少しドギマギしながらも言葉少なに応じていた由加里さんですが、毎日のようにやってくる彼との距離はだんだんと縮まっていきました。由加里さんが雑談の中で、自宅の団地が古くてドアが開けにくくなっていることを話すと、ジュンヤが修理してくれると言うので自宅に来てもらうことになりました。

　同居しているお父さんは65歳を過ぎていてすでに退職しており、年金をもらって毎日のように一日中パチンコに出かけていました。お父さんの留守中に自宅で2人きりになると、由加里さんはジュンヤに誘われるままに性行為を受け入れてしまいました。

　ジュンヤはそれっきりパン屋に姿を見せることはなく、それからしばらくして、由加里さんは女性のヘルパーさんに生理が来ないことを打ち明けました。心配したヘルパーさんが事情を聞くと、予定日からすでに2か月が過ぎていました。

子どもの発達障がいは対人関係に関わる愛着形成にも影響します。

子どもの頃に親から与えられなかった愛情の隙間は、大人になっても自然に埋まることはありません。愛着の柱を見つけることが大切です。

複数の男性による性的搾取がわかる

　ヘルパーさんから相談を受けて、さらに女性スタッフを交えて由加里さんから詳しく話を聞き、ジュンヤの存在と性交渉があったことがわかりました。しかし由加里さんはさらに、別の男性とも性的関係を持っていることを私たちに告げたのでした。

　その相手はなんと、由加里さんのお父さんよりもずっと年上の、自宅の向かいの部屋に住む高齢の男性でした。もともと面識はありましたが、特に親しくしていたわけではないと言います。この高齢男性は普段から由加里さんのお父さんが留守がちなことを知っていました。由加里さんによると、以前、由加里さんがジュンヤを自宅に連れてきたときに、この高齢男性はたまたま出先から帰ってきたところで、ジュンヤと由加里さんが部屋に入っていくところを見ていたそうです。そのまま部屋でしばらく2人きりで過ごしたことを知っていました。そしてある日、由加里さんが仕事から帰ってきて一人で部屋にいるところへ訪ねてきたと言います。

　そして言葉巧みに部屋に上がり込み、由加里さんに性的関係を迫りました。このとき、無理矢理だったのかどうかを由加里さんに確認すると「よくわからない」という返事でした。この高齢男性はその後も何度か、お父さんの留守中に訪ねてきては由加里さんと性交渉をしていました。そのことも、由加里さん自身が望んでいることなのかと尋ねると、「性行為はイヤだった」と言いました。

受け身で流されやすい特性とのかかわり

　発達障がい（自閉スペクトラム症／ASD）の特性には、対人関係に対して受け身になりがちだったり、他人の意見やその場の雰囲気に流されやすいというものがあります。嫌だと思っていても相手にハッキリと伝えることが苦手です。男女のコミュニケーションに関するこうした場面でも、どのように振る舞って良いのかがわからず、戸惑っている状態を相手の男性の都合のいいように解釈されてしまっ

たり、明確に拒否する態度を示せないことを利用して性的搾取の対象になってしまっていることがあります。

繰り返される無防備な行動

　私たちは取り急ぎ由加里さんに同行して産婦人科を受診してもらいました。検査の結果、妊娠はしておらず、生理不順ではないかとのことでホッとしたのでした。

　由加里さんには、性交渉による望まない妊娠や、性感染症というとても危険な病気に感染するリスクについてできるだけわかりやすく伝えました。そして自分を大切にすることと、性行為は本当に好きな人と以外はしてはいけないことをお話しし、これを機に男性とむやみにかかわらないことを約束してもらいました。お父さんにも今回のことを報告し、再発防止のために、今後はできるだけ家にいて欲しいとお願いしました。

　しかしその数か月後、再びほとんど面識のない男性が部屋に入り込み、由加里さんと性的な関係を結んでいたことがわかりました。女性ヘルパーさんが以前のことを心配して、最近の様子を由加里さんに尋ねたところ、あっさりと別の男性との関係を打ち明けたということでした。

　なぜ、何度も同じようなことを繰り返してしまうのか。私たちは再び由加里さんと向き合いました。すると由加里さんは自分にかかわってくる男性が、自分のことを「かわいい」と言ってくれたり、やさしくしてくれるからだと言うのでした。

不可解な行動の裏に潜む愛着の問題

　由加里さんのように、無防備な性交渉に対して妊娠への警戒が薄い上に、それほど親しくない男性と性行為を重ねてしまう人には、その根本に発達特性のほかに愛着の問題が隠れていることがあります。

　発達障がいのある子どもが持っている「育てにくさ」は親の養育態度に影響します。これは子どもが欲しがっている愛情を与えられにくい環境で、1人で生きていくことのできない子どもにとっては命にかかわります。そこで薄い愛情を振りまき、どうにかして親に気に入られようと必死になります。親の顔色を見ながら自分を変化させるようなことができるようになるのは、親が喜ぶことをすればそのときだけは自分を見てかわいがってもらえる、そのときだけは生きていけるということを学習するからです。

　子どもの頃の愛着形成の問題は、大人になっても残ってしまうことが多くあります。そして恋愛や性にかかわる場面で、そのことが問題として発出するようになります。

　望まない妊娠を避けるための予防策としてピルや避妊薬の服用も検討する必要があるかもしれませんが、それ以上に対応すべきなのは愛着の再形成だと考えています。「あなたはみんなから大切にされ、愛されている」「周りの人はあなたをいつも見守っている」ということを納得できる愛着の柱になるような存在を得ることが、行動の抑制につながります。

付き合い始めた頃に
私のことを「俺の女だ」って
いろんな友達に紹介してくれた
あの人は私の知らないこと
たくさん知ってる

いつもじゃないけど
私を頼りにしてくれる
「お前だから頼むんだ」って言われると
すごくうれしい
私　役に立ってるんだ

でももっとうれしかったのは
「結婚しよう」と言ってくれたこと
今すぐにじゃないけど　私
必ずこの人と結婚する
だからあの人が困っているなら
お金をあげるのは私の役目

串本 美優(みゆう)さん
27才

Case 05

DV被害を受けても貢ぎ続ける
対等な関係を築きにくい恋愛の危険

　いつもおとなしくて、自分から他人に話しかけることの少ない美優さんですが、仕事がお休みの日になると、中学生の頃からの友達や2つ年上のお姉さんと買い物に出かけるのが楽しみでした。

　小学校5年生のときに発達障がい（自閉スペクトラム症／ASD）がわかって、中学校は特別支援学級に通いました。障害年金の受給資格を持っているのですが、家から自転車で通える距離にある衣類製造工場の障害者枠で働き、梱包の仕事をしていました。

　22才のとき、お姉さんがアルバイトをしていたスナックを辞めることになり、その代わりの人を探しているということで美優さんに週2回だけ出てくれないかと持ちかけてきました。カウンターの中でお酒を注いで、お客さんの話を聞いているだけでいいからと頼まれ、美優さんは気が進まないながらも、なんとなく引き受けることになったのでした。

　そこで客として来ていたカズヤという男性と知り合いました。自営業をしているというカズヤは30歳ぐらいで、美優さんの普段の交友範囲にはあまりいないタイプの、大人の男性でした。なんとなく興味を持った美優さんは、努めて話しかけてみました。普段あまり得意ではなかったお客さんとの会話ですが、カズヤはそんな美優さんの口下手なところをかわいいと言い、遊びに誘ってきたのでした。

　これまで男性とお付き合いをしたことのなかった美優さんはすぐに恋に落ちました。カズヤがどんな仕事をしているのか尋ねたことがありますが、よくわかりませんでした。車が好きで、自分で改造したという大きな音のする車に美優さんを乗せていろんなところに連れて行ってくれました。

　ほどなくして美優さんはカズヤの部屋にいりびたり、家に帰らなくなりました。仕事も無断欠勤が続き解雇された頃、カズヤから用事を頼まれます。それは、小さな紙に包まれた白い粉を指定された場所に持っていき、そこで待っている人に渡すというものでした。

どんなに危うい恋愛でも、本人にとっては生きる糧(かて)になり得ます。

自己肯定感が低い状態で見つけてしまった"自己有用感"に支えられる恋愛からは、トラブルに巻き込まれても引き剥がすことは困難です。

　カズヤは違法薬物の売人で、何も知らない美優さんは運び屋をさせられていたのでした。そのうちに、カズヤの部屋には怪しい男たちがしょっちゅう訪れることに気がつきました。ほとんどが少年のような若い男でしたが、あるとき、派手な格好をした、いかつい男たちがカズヤを訪ねてきました。男たちは、玄関のドアを開けて応対に出た美優さんを突き飛ばして靴のまま部屋に上がり込むと、怒鳴り声を上げながらカズヤに殴りかかりました。ナイフを持っている男もいました。血だらけになったカズヤが男たちに言われるままに金を渡すと、男たちは引き揚げて行きましたが、恐ろしくなった美優さんはそのまま実家に逃げ帰ったのでした。

年上の男性との新たな出会い

　実家に戻った美優さんは、その後、相談支援事業所を訪れ、障害年金を受給しながら就労継続支援Ａ型の事業所に通い始めました。私も面談をして心配ごとなどの相談を受けながら接していて、しばらくは何ごともなく時間が過ぎました。半年ほど経ったある日、同じ事業所に新人の男性が入りました。その男性はどことなくカズヤに雰囲気が似ており、美優さんは気になっていたのですが、いつもお昼を食べる食堂で近くの席に座ったことがきっかけで話をするようになりました。

　その男性から、「今度仲間たちと河原でバーベキューをするから」と誘われ、同じ職場の女友達と一緒に行ってみることにしました。男性が前に車関係の仕事をしていたときの職場の遊び仲間ということで、行ってみると、以前カズヤが乗っていたような改造車が集まっていました。その中にいたリーダー格のマサトという40代の男性は美優さんたちを歓迎してくれて、とても楽しく過ごすことができたのでした。

恋に落ちていきなり同棲をはじめる

　その日から、美優さんはマサトに恋心を抱くようになりました。年齢が離れていましたが、もともと受け身な性

格の美優さんにとって、頼り甲斐があってリードしてくれるマサトの存在は日に日に大きくなっていったのでした。運送業をしていたマサトは独身だったため、美優さんは誘われるままにマサトの家に通うようになり、すぐに同棲するようになりました。教師をしている美優さんの両親は、2人の年齢が離れていることやマサトの職業を理由に大反対しましたが、美優さんは聞き入れませんでした。

障害年金を目当てにDVがはじまる

すると心配した通り、マサトはすぐに美優さんの障害年金をあてにするようになりました。もともと金遣いが荒く、あちこちに借金があったのです。お金がなくなると、美優さんを殴って、受給したばかりの年金を巻き上げることもありました。顔にあざを作って職場に出勤した美優さんを心配した女性スタッフが話を聞き、DV被害に遭っていることがわかったのでした。私たちは美優さんの安全のために、警察に被害届を出すことを勧め、美優さんも泣きながら同意し、翌日一緒に警察署に付き添って行くことに決めたのでした。

繰り返される暴力

翌日、私たちが同行するために美優さんの職場に迎えに行くと、美優さんは警察へは行かないと言い出しました。あの日はたまたまマサトの機嫌が悪くて殴られたが、いつもは美優さんにやさしく、運送の仕事から明け方に帰ってくると、朝から出勤する美優さんのためにお弁当を作っておいてくれるのだそうです。マサトがそれほど自分のことを思ってくれていることや、以前言われた「結婚しよう」という言葉を信じているのだと言います。

本人の意思がそうである以上、無理に警察に連れて行くわけにもいかず、しばらく様子を見ることにしました。

そして、次の年金受給日の翌日、美優さんはまた顔を腫らして出勤しました。DVのほとんどがそうであるように、暴力は何度も繰り返されるのです。私たちはもう一度、美優さんに今からでも警察に相談に行くよう説得し、美優さんも今度ばかりはと応じました。

しかし事業所の外へ一歩出た途端、美優さんは立ち止まって、やはり行かないと言い出しました。「マサトと離れたくない」と。

恋愛そのものは否定しない

美優さんとマサトの間に起こっていることは決して看過できるものではありません。しかし同時に、それでもこの人を愛している、この人と一緒にいたいという本人の気持ちを否定することもできないのです。

美優さんとはコミュニケーションをとる中で状況の変化や突破口を見つけられるよう、定期的に面談を行って見守っていくことになっています。

発達障がいと自己肯定感

「自分に自信を持つ」ということが、こんなにも難しいその理由。

　発達障がいがある人の中には「自己肯定感」が低い人が多いという話をよく耳にしますが、決してすべての人に当てはまるわけではありません。しかしながら、そうした方が一定数いることも事実なのです。それには、幼少期からの経験が影響していると言われています。

みんなと同じようにできないから…

　発達障がいがあると、その特性によって他人と同じように振る舞えないことから、幼少期から家庭内や集団生活の場で叱られたり、笑われたり、からかわれたりといったことを多く経験しがちです。学校に行く年齢になってからも、例えば朝起きてから出かけるまでの支度などに強いこだわりがあって、学校や約束に遅刻することが多かったり、注意欠如の特性がある人は頻繁に忘れ物をするため、注意されることが多くなる、といったことです。

　周囲とのコミュニケーションが苦手で、思っていることを上手く伝えられなかったり、相手の反応を見て発言できずに相手を傷つけてしまったり、誤解されてしまうなどといった対人関係での失敗をすることも多々あります。

　家庭では、何かにつけてきょうだいや近所の家の子どもと比較されることによって、徐々に「自分はダメな人間だ」「ほかの人より劣っている」と自己肯定感を下げるようになってしまいます。

学齢期に周囲との差が見えやすくなっていく

　昨今はパソコンやタブレット端末などで、ネットや動画閲覧が日常的に行われています。スマホを持ってSNSやゲームに没頭するといった状態に誰もがなりがちですが、発達障がいがあると、その特性からなかなか熱中していることを決められた時間でやめられません。動画閲覧やゲームで夜更かししてしまい、朝起きられずに学校に行けない。どうにか登校してもボーッとして授業に集中できなかったり居眠りをしてしまったりで学習が遅れたり、度重なる遅刻で友達の輪に入れず、クラスから孤立してしまうという悪循環に陥ってしまうこともあります。

　また、思春期になると周りの友達の中には急に化粧やファッションに興味を持ち始める子がいたり、流行への意識の高まりからスマホを持つようになる子も増えてき

ます。発達障がいのある子は、比較的おしゃれに対する意識が高くありません。おしゃれ以前に、お風呂や歯みがきを嫌がるなど、身だしなみや衛生観念に無頓着な場合があります。そのため、定形発達の子と外見的にわかりやすい差ができてしまい、いじめの対象になってしまうこともあります。

学校でも家庭でも認めてもらえない

　中学2年生ぐらいになると、学校生活では高校受験が視野に入ってきます。クラスの中に、テストの点数や成績表の評価でなんとなく漂っていた「できる子」「できない子」の認識が、受験する志望校を決めることでランク付けが明確になり、マウントの取り合いが発生することもあります。発達障がいの特性が学習面に影響する場合、授業についていけないために成績が振るわず、劣等感が強くなっていきます。

　親にとっても、子どもの発達障がいを受け入れることは簡単なことではありません。また、子どものことで学校に呼び出されたり、注意を受けることによって、親の自己肯定感も下がってしまいます。そんな状況で余裕を持って子どもに接することは難しく、親子関係がギクシャクしてしまうこともあるでしょう。

　このように、周囲に発達障がいの特性を理解して配慮をしてもらえない環境は、発達障がいのある人にとって、自己肯定感が下がりやすい環境とも言えます。

自己肯定感の低下がもたらす深刻な影響とは

　自己肯定感が低いと、生きていく上でさまざまな影響があると言われています。中でも一番重大なのが「自分自身を認めることができない」ということです。なぜならば、自分を認めることができない人には、他人を認めることはできないからです。そのため、適切に自分を主張したり相手を尊重して信頼関係を築いていくことが必要な、人間関係を上手に構築することが難しくなります。

　ほかにも、さまざまな行動において消極的になりがちなため、周りからの評価も「何を考えているのかわからない人」「言われたことしかやらない」など、マイナス評価を受けることも多くなります。

　また、これまでずっと否定されてきたと感じているため、自分の考えに自信が持てず、考えや行動を決定する場面で周囲に流されやすくなります。その結果、トラブルに巻き込まれてしまったり、悪意のある人物に出会ってしまったときには騙されてしまうこともあります。

　さらに、このようなつまずきや失敗経験が重なると、発達障がいの二次障がいとして、うつや統合失調症など心の病気を併発することすらあるのです。

愛着障害と発達障がい

似ているけれど、原因も対応も実は大きく違うことに注意。

　近頃、愛着障害という言葉を聞く機会が増えました。ただ、この言葉を聞くと、「養育の仕方が悪いということ?」「親に問題があるということ?」などと思われる方がいるようです。どうやら世間では、愛着障害とは親の愛情不足や養育方法が悪いことで起こる障害という認識が広がっているようです。

　実際、愛着障害が養育方法や不適切な生育環境で発症することがあるのも事実です。しかし、それだけが問題ではないことも近年の研究で明らかになってきています。

愛着障害とは

　そもそも愛着障害とは、今のところさまざまな見解があるものの、生育段階で親子間での心理的な結びつきである"愛着"が何らかの理由で形成されず、特定の人と関係を構築することが難しくなってしまい、情緒や感情がきちんと育っていない状態のことを指します。

　このような愛着形成の問題を抱えている状態の場合、医学的な分類では①**反応性アタッチメント障害**（反応性愛着障害）や②**脱抑制型愛着障害**（脱抑制型対人交流愛着障害）と診断されることがあります。

　反応性アタッチメント障害のある子どもの特徴として、人に頼ることができない人が多いと言われています。警戒心や恐怖心が強く、人から言われたことを真に受けて傷ついたりします。自己肯定感や自己評価が低く、自己防衛が強い子が多いと言われます。

　脱抑制型愛着障害のある子どもは、なれなれしく誰にでも抱きついたり、注意を引くための行動や空気の読めない行動をします。また、落ち着きがなく、わがままが過ぎる人がいるとも言われています。どちらの場合も周りとの協調が乏しく、謝ることができない子が多く、すぐに嘘をつくなどの共通点もあります。

間違って診断されることが多いその理由

　これらの特徴は発達障がいの注意欠如・多動症（ADHD）や自閉スペクトラム症（ASD）にとても似ているため、愛着障害がある子どもに対して発達障がいの診断がされていることも多いのが現状です。

　しかし、愛着障害と発達障がいはその原因はまったく

違うものです。発達障がいは生まれ持った脳の機能障害であり、それぞれに見られる行動の特徴として、ASDの場合はこだわりや執着などによるもの、ADHDの場合は衝動性や多動性によるものです。これに対して、愛着障害の場合は感情や情緒の問題といった認知の歪みによることが特徴です。こうした行動の特徴についても、原因がそれぞれ違うのですから、対応の仕方もそれぞれまったく違ってくるはずです。

しかし実際には、これらは専門家でもなかなか区別がつきにくく、診察室の中だけでは判断することが困難です。明らかな虐待や両親との死別・離別など、原因がはっきりしている場合を除いてはとても判断が難しいものです。

もう一つが、診察室での親への配慮と言われています。子どもの様子を見た医師が「愛着障害です」と言えば、親はまさに自分の養育が悪いと言われているような、虐待を疑われているような感覚に陥るでしょう。親としては感情的にもその医師との関係が難しくなるかもしれません。同様に、保育所や幼稚園などでも、そのような指摘をすることは避けるようになります。

愛着障害を抱えたまま大人になるリスク

また最近では、発達障がいと愛着障害が併存することも明らかになってきています。

愛着障害を抱えたたまま大人になると、白黒思考と呼ばれるような極端な性格を持ち合わせたり、周囲とのコミュニケーションがうまくいかないことが指摘されています。

ほかにも、ちょっとしたことで傷つきやすく、一度怒り出すと冷静に話し合うことが難しくなる人もいます。また、子どもの愛着障害と同じように自己肯定感が低くなることが多く、アイデンティティの確立が難しいとも言われています。こうした対人関係の困難さから、やがて二次障がいとして精神疾患を患うケースも少なくありません。

愛着障害がある場合の恋愛への支障

恋愛面では相手を試すような行動が多くなって相手を困らせたり、嫉妬深くなることもあります。根底にネガティブな感情を持っていて、それを自分の中でうまく処理できないために、そのような行動をとるとも言われています。

そのため、裏切られることを極度に恐れて自分から離れていこうとしたり、恋人以外の人と関係を持ったり、自傷行為をすることで恋人からの愛情を試す人もいます。

もし、恋人や近しい人が愛着障害かもしれないと思ったときは、その言動に振り回されないように注意して、本人が自分と向き合えるように、じっくりと話し合ってみましょう。

愛着障害は、どの年齢からでも適切な愛着形成を行うことによって、改善・安定するとも言われています。専門機関に相談することをお勧めします。

私ってちょっと特別なの
どんなコスプレの衣装だって
私が着ればバッチリ決まるもん
普通の子じゃ絶対無理よ

朱里を初めて見たときから
忘れられなくなったんだ
店で一番輝いてたから
猛アタックしたら
彼女になってくれたんだ

尚希とは好きなアニメが一緒で
すっごく話が合うから楽しい
結婚しようって言われたから
もちろんすぐにオッケーしたよ

2人で住めば家賃も浮いて
その分のお金をもっと趣味に使えるね！

水谷 朱里さん
26才

小林 尚希さん
35才

Case 06

発達障がいがある2人の結婚
周囲の見守り隊が自立を支援

　朱里(あかり)さんは発達障がい（注意欠如・多動症／ADHD）がありますが、小学校から高校までを普通級で過ごしました。学校では遅刻や忘れ物がとても多くて、よく先生から怒られており、勉強もかなり苦手だったのでつらい思いをたくさんしてきました。

　母子家庭で、お母さんが病気がちなため働くことができず、生活保護を受給して生活していたのですが、朱里さんは高校を卒業すると、個別に生活保護を受給して一人暮らしを始めました。

　アニメや漫画が大好きな朱里さんは、登場するキャラクターを真似た衣装を着て、仲間で集まって撮影会をしたりするいわゆるコスプレにハマっていく、髪をピンク色に染め、舞台メイクのような化粧を楽しんでいました。推しの声優さんのライブにも足繁く通い、その会場で販売されるグッズも、新しいものが出るたびに欠かさず購入するのでした。

　ADHDの特性の一つである衝動性がとても高く、欲しいと思ったらあと先を考えずに買ってしまいます。そのため、あちこちに借金があり、役所の生活保護課ともトラブルになっていました。その借金を返すために、少しなら働いて給料を得ても良いからと助言をもらったことで相談支援専門員を交えた話し合いが行われ、就労移行支援事業所に通い出しました。無理なく続けることができるように、本人の特性とできること・好きなことを併せて考え、メイドカフェでのアルバイトを勧めたところ、そのまま就職することが決まったのでした。

　そしてちょうどその頃、メイドカフェにお客さんとして来店していた尚希(なおき)さんと出会います。アニメオタクを自負する尚希さんはディスカウントストアでのアルバイトで生計を立てていますが、アルバイト代のほとんどを朱里さんと同じように推し活に注ぎ込んでいました。尚希さんにもADHDがありましたが、2人は好きなアニメやマンガの話で意気投合し、交際が始まったのでした。

特性のある者同士の恋愛。トラブルになる前にみんなで解決します。

周囲の人々の協力によって地域での孤立を防ぎ、自己肯定感を下げずに、
意欲的な生活を続けるための工夫と取り組みが始まりました。

　好きなことが一緒ということで付き合い始め、すぐに結婚するつもりでいた2人ですが、双方の親の大反対に遭いました。発達障がいがある者同士が一緒になって、家庭的にも経済的にもまともにやっていけるはずがないだろうというのが親たちの考えでした。

2人の結婚を応援する人々

　しかし、2人を知る周囲の人たちの中には、やはり好きになった者同士が結婚して幸せになるべきだという考えの人たちもたくさんいました。それは、朱里さんが勤めているメイドカフェの仲間や社長、生活保護の担当者に加えて、朱里さん、尚希さんそれぞれの友人たちです。もちろん朱里さんの相談支援専門員である私もそうです。

　そこで、私はこの2人のケースを事例検討会にかけることにしました。事例検討会とは、現在かかわっている支援者だけが問題や課題を抱え込まないように、まだかかわっていない専門職や行政職員なども参加して、事例を丁寧に検討し、新たな支援の方針を探ったり、新たな支援のネットワークを構築するために行う会議です。するとこれをきっかけに地域での応援者が増えていきました。役所の生活保護課の担当者、病院のケースワーカーなどがこの2人を支援する見守り隊に加わってくれることになりました。

問題が起こりそうなとき、みんなで考える

　"発達障がいは生活障がい"と言われることもあるように、その特性は生活の場で支障が現れます。今後の2人の生活で、予想されるトラブルを挙げればきりがありません。賃貸アパートの契約トラブル、ゴミ出しルールや騒音などの近隣住人とのトラブルなどに加え、見通しを立てることの苦手さからの無計画な妊娠や、衝動的で感情的な言い争いからのDV、そして何よりも、それぞれの無計画な買い物によって自己破産に追い込まれることなどです。

　こうした問題が起こりそうなときに、朱里さんや尚希さ

んが誰かのところに相談に行けば、見守り隊で情報を共有して、みんなで考えようということをルールにしました。起こりうる一つの問題に対して、さまざまな立場からの見方によっていろんな意見があるのだから、みんなでそれぞれ意見を出して考えようということになりました。

浪費が減り、就労への意欲が出る

一番懸念されていたお金の管理について、話し合いの結果、毎月何にいくら使ったかを記録することにしました。給料を収入として、支出は家賃、水道光熱費、食費…という具合です。そして残った金額の半分までをイベント参加や服やグッズの購入に使って良いというルールにしました。

こうして手元に入るお金と出ていくお金の可視化ができるようになると、具体的な使い方が見えるようになります。このお金のルールを本人たちと支援者が共有し、共通のルールとして実施することで、実際に浪費が減っていきました。そして実際にいくら使っているのかが把握できると、サボりがちだった仕事にもちゃんと行くようになりました。

尚希さんの意識も変化する

このお金のルールによる浪費改善ができたことは、当初いろんな人がかかわってくることに難色を示していた尚希さんにも変化をもたらしました。結婚することの目的は、ともに家計に責任を持って家庭を営んでいくことだいうことがはっきりしたのです。これまで何となく過ごしていたことに対して、目指すべき目標が設定され、かつそのためにかかわる人が増え、まずは小さな手応えをつかんだことが成功体験になりました。そこから自己肯定感が高まったと思われます。これまで「どうせできないのだから」と言われてきた自分が、他者から認められたのです。このことは彼の心に、支援者を信頼する感覚を与えてくれました。

さらにここからは、尚希さんを担当している相談支援専門員の方とも連携することになりました。尚希さんが朱里さんと結婚して2人で生活をしていくという具体的な目標や見通しを共有することで、支援計画が単なる絵に描いた餅ではなく、実現性が高くなると考えたのです。

将来の目標とその検討

家計について見通しが出てきたことで、次の話し合いのテーマは子どもを作るかどうかです。朱里さんの親も尚希さんの親も、子どもを作ることには反対なのですが、周囲の見守り隊は「いいんじゃない？ その子の将来もみんなで考えて、みんなで見ていこうよ」となってきています。発達障がいがあっても、地域の中で自立して生活していく。この目標に向かって、相談支援専門員は2人を中心に据えながらコーディネートし、さまざまな立場の人たちがかかわってくれる未来を作っていきたいと考えています。

妊娠と出産を考える

予期せぬ妊娠をしてしまったら、出産と子育てのサポートを受けましょう。

妊娠は、自分とパートナー、そしてその家族を取り巻く人たちの人生を大きく変えるビッグイベントです。まずは、生まれてくる赤ちゃんが幸せに育つ環境をしっかりと整えることが大切になってきます。ですから、本来その準備は、赤ちゃんを作る前から始めなければなりません。

住居やその環境、病院までの距離、経済的な安定なども大切です。赤ちゃんを1人で、あるいは夫婦だけで育てることは至難の業です。お父さんやお母さんは子育ての先輩ですから、困ったときにサポートしてもらえる実家が近いと安心です。こうしたことのすべてが赤ちゃんを育てる"環境"なのですが、発達障がいがある人の中には、特性によって、先の見通しを立てて準備をすることが苦手な人もいます。

安心して出産を迎えるために

出産や育児にはたくさんの費用がかかります。ところが、女性は妊娠中はもちろんのこと、出産後も子どもを預けられないと働けません。さまざまな事情から、結婚せずに1人で産み育てる選択をする場合には、収入がなくなって生活が困窮してしまうこともあるのです。

出産後の養育について、出産前に支援を行うことが特に必要と認められる妊婦を対象に**特定妊婦**の登録があります。出産前から資金面・健康面などでさまざまな支援を行い、安全に出産するために社会で助けるという制度です。

家庭が貧困状態にあったり、知的・精神障がいなどで育児困難が予想されたり、DVや若年妊娠など複雑な事情を抱えている人に適用されるこの制度は、年々登録者が増えているのが現状です。

何よりも、生まれてくる赤ちゃんのために

これまでにも、妊娠したようだが父親が誰だかわからないし、お金もない。だけど、自分の子どもなので産みたいという相談がありました。すでに妊娠6か月を過ぎており、"妊娠中期"と言われる状態でした。お腹も膨らんできていましたが、産婦人科にはかかっていないため定期検診も受けておらず、**妊娠届出**も行っていませんでした。

父親は風俗の仕事のお客さんのうちの誰かで、お腹が膨らんできたために風俗の仕事も続けられず、職場の寮を出なければならないが、お金がまったくないという

状態でした。すぐに行政と連携をとり、**特定妊婦**としてさまざまな支援を行い、元気な赤ちゃんを出産されました。

　この際の妊婦健康診査の費用や、出産・育児に関わる費用は、各自治体からさまざまな補助や助成を受けることができます。妊娠がわかったら、お住まいの市区町村に届出を行い、母子健康手帳の交付をはじめ、出産に必要な補助や助成を受けましょう。まずは行政、相談支援事業所などに相談に行くことをお勧めします。

ブライダルチェックについて

　妊娠や出産を希望する女性やカップルが受ける健康診断である「ブライダルチェック（妊活検査）」を受けることもお勧めです。女性特有の病気や妊娠や出産に影響のある病気がないか、妊娠しやすいかどうかを調べることを目的としていますが、それだけではありません。ブライダルチェックを受けることで、生活習慣を見直し、男女ともに健康的な生活を目指すことができます。ほかにも、喫煙や飲酒、服薬をしている人は、いつから中止したら良いのかなどを教えてもらうこともできます。

　ブライダルチェックは、結婚前や妊娠の予定がなくてもいつでも受けられます。また、自治体によってはブライダルチェックの助成があることもあります。お住まいの自治体に確認をしてみましょう。

緊急避妊薬・アフターピルについて

　望まない妊娠は、女性の身体やこころに大きな負担となります。もしも避妊に失敗したときは、72時間（3日）以内に緊急避妊薬（EC：emergency contraception）を飲むことで避妊に役立てることができます。避妊効果は、**性交後24時間以内であれば95%**、48時間以内であれば85%、72時間以内であれば58%と、早く服用した方が高いこともわかっています。

　しかし、ECは薬局では原則的には販売していません。産婦人科を受診し、検査を受けた上で処方してもらう必要があります。しかも自費診療になるため、費用も6,000円から20,000円ほどかかることもあります。この現状に対して、少しでも負担を減らそうとオンライン診療なども始まっています。また、全国の一部薬局では、医師の診察と処方箋なしでECを入手することができる仕組みの試験的運用も始まっています。

緊急避妊にかかる対面診療が可能な
産婦人科一覧
www.mhlw.go.jp/stf/seisakunitsuite/bunya/0000186912_00002.html

緊急対応することで効果を得るために医師の診断・処方箋なしでECを入手できる
緊急避妊薬 試験販売　薬局一覧
www.pharmacy-ec-trial.jp

高校時代はめっちゃ楽しかった！
JKってオトナが寄ってくるもん
欲しかったバッグとか財布とか
なんでも買ってもらえたもん

性病うつされたのはショックだったけど

今の彼はすっごくイケメン
発達障がいがあるって言ってるけど
ぜんぜん気にならない
真夜中のドライブ　突然の旅行
彼はいつだって
あたしをドキドキさせてくれる

仕事？　風俗
最初は抵抗あったけど
手っ取り早く稼げるから
今は楽勝

古賀 奈々子さん
23才

Case 07

援助交際や風俗の仕事
性感染症のリスクについて知ってほしい

　誰もが認める美人の奈々子さんは、高校に入学すると男子生徒たちからは注目の的で、すぐに上級生の彼氏ができました。一緒に学校をサボって繁華街で夜遅くまで遊んだりするようになると、女子高生の奈々子さんを周囲が放っておくはずがありませんでした。高校3年生になると大学生や大人の男性と交際するようになり、彼らから高価なバッグや財布を買ってもらっては、みんなから羨ましがられていました。そしてもっといろんな物を買ってもらうために、同時に複数の男性と性的な関係を持つようになりました。

　ある日、奈々子さんの手のひらに赤い発疹が出ました。気になりながらも放っておくと、それはやがて蕁麻疹のようになって全身に広がっていきました。あわてて病院に行ったところ、梅毒にかかっていることがわかりました。梅毒は性感染症の一つで、放置すると死に至る可能性もある病気です。感染がわかったときにはもう別れていた人もいたので、いつ、誰から感染したのかはわかりませんでした。

　卒業後はアパレルの販売員の仕事に就いたのですが、上司や同僚とうまくいかずにすぐに辞めてしまいました。学生の頃はその場にいるだけで周りがチヤホヤしてくれましたが、社会に出るとまるで勝手が違いました。

　その後はフリーターとしてアルバイトをしながら、マッチングアプリを使っていろんな人と出会い、食事や遊びに連れていってもらうようになりました。何人かとは付き合ってみたこともあり、その中で自分と同じような感覚を持つ"サイコーに気の合う"男性と出会ったのです。

　彼は自分にADHDという発達障がいがあることを明かしていました。奈々子さんは見た目もイケメンでオシャレな彼のことが好きになり、付き合うことにしました。そのうちに彼と自分には共通点が多いと感じ、もしかしたら自分も発達障がいがあるのかもと思うようになりました。

　そこでクリニックで検査をしたところ、彼と同じADHDの診断がつき、相談支援事業所にやってきたのでした。

今現在だけでなく、この先の人生を視野にいれて支援を考えます。

その人自身と、その人の発達障がいの特性を十分に検討した上で
将来の可能性も考えた支援を長期計画で立てていきます。

　ADHDと診断されたことで、奈々子さんは、これまで人間関係がうまくいかなかったり、不注意によるミスが多くて毎日怒られた職場でのつらい経験や、男性遍歴を重ねてきたことの理由が腑に落ちてホッとしたそうです。そして自分のことを怒ったり説教したりしない、一緒にいて落ち着く彼といることが奈々子さんの生活のすべてになりました。

風俗の仕事は短時間で高額収入が魅力

　ところが、奈々子さんの大好きな彼は仕事をしておらず、親から小遣いをもらって実家で生活していました。奈々子さんは彼と一緒にいるために、食事代や遊ぶお金を稼ぎたいと考えるようになりました。それまでは飲食店などでバイトしていたのですが、もっと割の良いバイトを探してキャバクラで働くことになりました。しかし、夜の仕事は見た目の良い女の子だけの世界です。競争も激しく、常に気遣いのできる接客が求められます。お客さんの仕事や誕生日を覚えたり、マメに営業メールをするといったことが苦手な奈々子さんは売上を伸ばすことができませんでした。

　そのときに知り合った人から、もっと稼げると紹介されたのが風俗の仕事でした。最初は抵抗があったのですが、すぐに高額の収入が得られることに味をしめました。しかも短時間で良いので、その分、彼との時間もたくさん持てることも、奈々子さんにとって大きなメリットでした。

風俗を選ぶことには理由があります

　生活費などを稼ぐために、できるだけ高収入を得ようと夜の仕事を選ぶ女性は少なくありません。最初はガールズバーやキャバクラなのですが、コミュニケーションに課題を抱える発達障がいがある場合は、接客や人間関係がうまくいかず続けられないのが現実のようです。そのため、そこから風俗に流れていく例は少なくないと言われています。会話によるコミュニケーションが苦手であっても仕事になるからです。本人にとっては効率よく稼げるというメリットが第一で、そこにあるリスクにまでは考えが及びません。

しかし不特定多数を相手にするという点でも、性感染症をうつされるリスクも高くなります。私たちとしては就労支援を行って風俗の仕事から抜けられるようにしたいのですが、現在の奈々子さんにとっては大好きな彼との恋愛が一番大事なことなのです。そのために短時間で高収入の風俗の仕事を自分で選んでいる以上、奈々子さんの意思を最大限に尊重して考えなければなりません。

性病感染へのリスクを知ってもらう

　そこで私たちは、まず奈々子さんに、もう一度しっかりとした性についての知識を伝えました。やはり学校の授業だけでは、性感染症について名称は聞いたことがあっても、実際の症状や感染のリスクについてはあまり知識がありませんでした。ほとんどの性感染症は、その病気自体は適正な治療を受けることで治りますが、後遺症が残ってしまうと将来妊娠できなくなることがあることも知っておいて欲しいことです。将来、愛する人との間に赤ちゃんが欲しいと思ったときに後悔することのないように。

　私たちの説明を聞いて、奈々子さんは以前自分が梅毒に感染したときのことを思い出したそうです。そして「あのときに知っていたら違っていたかもしれないのに」と、つぶやきました。病気をうつされたこともももちろんショックでしたが、病院で治療を受けて完治はしたものの、全身に広がった醜い発疹のせいで梅毒に感染したことが周囲にわかってしまい、ひどい噂を面白おかしく広められてしまって、深く傷ついた経験があったのでした。

その人の人生に寄り添うということ

　あまり知られていませんが、発達障がいの特性には傷つきやすさもあります。周囲との感覚のズレや衝動性の高さから危なっかしいと思われる行動を取りがちでも、友達や知り合いでは注意したり止めてくれる人はあまりいません。そのことが本人を周囲から孤立させてしまう場合があります。

　恋愛中は誰でも周りが見えなくなるものですから、なおさら他人の助言は耳には入らないかもしれません。家族の場合は特に、心配するあまり強い口調で叱責してしまいがちで、大概その関係性は悪くなっています。幼い頃と違って、思春期以降になるとその支援が格段に難しくなるのが家族による支援です。

　そこで重要になるのが、困ったときに１人で抱え込んでしまわずに話せる『相談先』です。私は、この先、奈々子さんが彼との赤ちゃんを妊娠した場合も想定して支援していくことにしました。妊娠・出産後に風俗の仕事を続けることはできませんから、無理のない環境で働くことができるようにそのタイミングで就労支援が必要になるかもしれません。

　このように、相談支援専門員はその人にとってより良い人生を考えながら見守り、ともに歩んでいく仕事なのです。

エッチは毎日したい
相手はいつも違う人がいい
年齢　顔　体格　性癖
みんな違うでしょ?
だからいろいろ試してみたいんだ

ネットの掲示板をチェックすれば
相手は簡単に見つかる
毎日毎日　仕事が終わってから
相手を探してエッチすることが
本当に楽しみだったんだ

エイチアイブイなんだってさ
僕には関係ないと思ってた
本当に感染するんだな…
でも　やめたくないし
やめられないよ

津山　琳さん
24才

Case 08

男性同士の性行為でHIVに感染
治療を受けて新しい日常を生きる

　琳さんは男性で、性的指向も男性の同性愛者です。ゲイであることを自覚したのは18歳のときで、バイト先でやさしく接してくれた男の先輩を意識するようになってからでした。同じ曜日にバイトに入れるようにシフトの希望を出し、バイト上がりに一緒に食事に行ったり遊びに行ったりしているうちに、その人のことがいつも頭から離れなくなりました。「でも男同士だし、自分の気持ちを言ったりしたらきっと嫌われる」そう考えていましたが、琳さんはある日、とうとう意を決してその人に自分の思いを打ち明けたのでした。

　その人はとても驚いた顔をしました。途端に激しい後悔に襲われた琳さんは、どうして良いのかわからなくなって、その場を立ち去ろうと走り出しました。するとその人は慌てて琳さんを追いかけたのです。そして、その人も実は琳さんと同じ気持ちだったことを打ち明けてくれたのでした。

　それから2人は付き合うことになり、セックスを通してお互いの気持ちを確かめ合っていたのですが、半年ほど経った頃に大喧嘩をして別れてしまいました。

　琳さんには発達障がい（ADHD）と軽度の知的障がいがありました。気の合う仲間と楽しく過ごすことが好きで、週末になると彼と一緒に友達が集まるクラブに行き、お酒を飲んで朝まで遊ぶこともよくありました。たまたま一人で参加したときに、そこで知り合った別の男性に誘われるままに関係を持ってしまったのが彼との大喧嘩の原因でした。

　彼と別れてから、琳さんはいろんな男性とセックスが目的で会うようになりました。ネットの掲示板に自分の背格好や特徴、どんな相手とどんなセックスがしたいかを書き込んで待ち合わせの場所に行き、毎日知らない人とその場限りの関係を持つようになりました。

　そんなある日、琳さんは性器に小さなイボのようなブツブツができていることに気がつきました。気持ち悪いなと思って近所のクリニックを受診したところ、性感染症にかかっていることがわかったのでした。

性感染症から身を守り、また、相手に感染させないようにしましょう。

適正な治療を継続するために、日常生活や服薬管理などで支援してくれるヘルパーさんをお願いしました。

コンドームなしの性行為で性感染症に感染

クリニックでは、イボは尖圭コンジローマ（ヒトパピローマウィルス／HPV）と診断されました。これは性感染症の一つで、性行為によって男性でも女性でも感染・発症することが知られています。性器やその周り、お尻に小さなイボがたくさんできるのですが、痛みやかゆみはほとんどないため、自覚のないまま感染を広げてしまうことがあります。

感染を予防するためにはコンドームを使うことが有効なのですが、コンドームは望まない妊娠を避けるための避妊具だと思われがちなため、妊娠の可能性のない男性同士の性行為には必要性を感じられないことが多いようです。そのため、特に不特定多数とのコンドームなしの性行為を行う人は感染のリスクが高いとされています。

生命に関わる危険な性感染症

さらに琳さんは、診察を受けたクリニックの医師から、尖圭コンジローマのほかにも感染している可能性があると言われて、大きな病院を紹介されました。そこで検査を受けた結果、HIVウイルスにも感染していたことがわかったのです。自覚症状がなかった琳さんはとてもショックでした。HIVウイルスという名称にはピンと来なかったのですが、AIDS（エイズ）とかかわりがあるウイルスだということがわかると、とても怖かったと言います。

尖圭コンジローマも、HIVウイルスにも、琳さんの場合はいつ、誰から感染したのかわかりません。また、感染に無自覚なまま別の人ともコンドームなしのセックスを繰り返していましたから、琳さんからも感染が広がっている可能性が高いのです。

治療体制を整える

この病院で治療を受けることになったのですが、これから始まる通院や手術に備える必要がありました。そこで琳さんが病院のソーシャルワーカーに相談したことで、私の相談支援事業所につながりました。琳さんは注意欠如・

多動症（ADHD）と診断されていますが、精神障害者保健福祉手帳は取得していませんでした。そこで、福祉サービスなどが利用できるように手帳の申請を行いました。いずれこの先、もしHIVウィルスによってAIDSを発症してしまったり、免疫が低下することによって起こる体調の悪化などで働くことができなくなったときのことも考えると、障害年金にもつながり、身の回りの支援や経済的なセーフティーネットになってくれる手帳の取得は必須でした。

手術と投薬による治療がはじまる

尖圭コンジローマはイボをすべて切り取る手術が必要なのですが、問題なのは手術が終わって退院したあとです。自宅に戻ってからは、毎日自分で患部の洗浄と消毒を行い、清潔を保たなければならないのですが、琳さんの障がい特性としてそうしたことの管理が難しいのです。また、毎日飲まなければならない薬もあります。HIVウイルスに対する治療も服薬が必要なので、生活支援のためのヘルパーさんを依頼し、服薬を含めた術後のケアを手伝ってもらうことになりました。

HIVウイルスとともに生きていく

こうして性感染症に対して治療を受けた琳さんですが、HIVウイルスは現代の医学ではまだ根治できません。一度感染してしまうと、ウイルスは体内にずっと居座り続け、だんだんと身体の免疫力を低下させていきます。

毎日せずにはいられないほど、男性との性交渉が大好きだった琳さんの人生はHIVに感染してしまったことによって一変することになります。琳さんは、それがもうできないなら、死んだ方がマシだと自暴自棄になりかけていました。

そこで、退院前に病院のソーシャルワーカーとともに、HIVウイルスについての勉強会を行うことにしました。琳さんと、その家族であるお母さんと妹さんにも参加してもらって、AIDSを発症しないために守らないといけないことや、免疫を上げるための食事などを知ってもらいました。

本人にとって幸せな人生を続けるために

発達障がいがある場合は、衝動性や見通しの弱さから安全を選択できないことがあることを念頭に置いた支援をしていく必要があります。琳さんのように性的欲求を抑えがたい人には、事前に飲むだけで感染を予防できる薬の使用を勧めるようにします。

また、発達障がいと同様に、性的マイノリティであることはさまざまな生きにくさに直面します。今回、HIVウイルスに感染してしまったゲイの人たちの集まりがあることを知り、琳さんと一緒に訪ねてみました。そうした思いや悩みを共有できる場の存在はとても重要です。私も、これからもいつでも相談に乗り、見守りながらサポートしていこうと思います。

知っておきたい性感染症のリスク

感染すると生命に関わる場合もある、危険な病気もあります。

近年、SNSの発達や出会いの場の多様化によって、性感染症が広がっています。

性感染症とは性的接触、いわゆるセックス、オーラルセックス、アナルセックスだけではなく、ディープキスなどでもうつる可能性がある感染症のことです。性感染症に感染すると、かゆみや痛みなどの症状が出るだけではなく、最悪の場合、命を落としてしまう病気もあるのです。

また、感染したまま放っておくと妊娠することができなくなったり、妊娠した場合でも、母子感染によってお腹の子どもに障がいが残る危険もあります。

主な性感染症

①クラミジア感染症

・排尿時に軽い痛みがある
・尿道からうみが出たり、かゆくなる
・精巣のあたりが腫れて熱が出ることがある

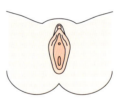

・症状はほとんどない（初期のおりものや軽い下腹部の痛み、のどの違和感）
・進行すると不正出血や性交時の痛みがある
・不妊の原因になったり、妊娠中だと早期流産になることもある

②梅毒

近年特に患者数が急増しています。

 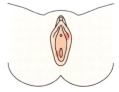

・性器や口の中に小豆から指先くらいのしこりや痛みの少ないただれができる

・痛み、かゆみのない発疹が手のひら、足の裏、体中に広がる

【妊娠中の梅毒感染は特に危険】

　妊娠している人が梅毒に感染すると、母親だけでなく胎盤を通じて胎児にも感染し、死産や早産になったり、生まれてくる子どもの神経や骨などに異常をきたすことがある。生まれたときに症状がなくても、遅れて症状が出ることもある。

③淋病感染症

　男性器にははっきりとした症状が出るが、女性器の初期症状は特に気づかれにくい。

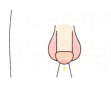

・排尿時に激しい痛みがある
・尿道からやや黄色い白みがかったうみが出る
・精巣のあたりが腫れて熱が出ることがある

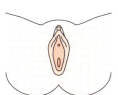

・おりものが増える
・発熱や下腹部の痛み、のどに違和感が出ることがあるが、症状がないこともある
・進行すると不正出血や性交時の痛みがある
・不妊の原因になることもある

④性器ヘルペスウイルス感染症

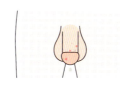

・性器や肛門に痛みやかゆみのある1〜2ミリほどの水疱や腫瘍ができる
・足の付け根のリンパ節に腫れや痛みがあり、尿道から分泌物が出ることがある
・初めて感染したときには熱が出ることもある

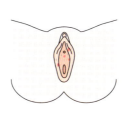

・大陰唇や小陰唇から、膣前庭部、会陰部にかけて痛みやかゆみのある水疱や潰瘍ができる
・足の付け根のリンパ節の腫れや痛みがあり、排尿時痛や排尿障害が起きることがある
・初めて感染したときには発熱することもある

⑤尖圭コンジローマ（ヒトパピローマウィルス／HPV）

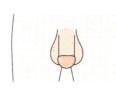

・亀頭や陰のう、肛門のまわりに白、薄ピンク、茶色のイボができる
・イボの数が増え鶏のとさかのようになる
・自覚症状はほとんどない（かゆみや軽い痛みを感じる程度）

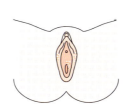

・外陰部、膣、肛門のまわりに白、薄ピンク、褐色のカリフラワー状のイボができる
・イボの数が増え鶏のとさかのようになる
・自覚症状はほとんどない（かゆみや軽い痛みを感じる程度）

⑥ HIV/エイズ

急性期: HIVに感染して2〜4週間経過すると、発熱、のどの痛み、筋肉痛など、インフルエンザのような症状が出る。多くの場合、自然に治まり、また、無症状のこともある。

無症候期: 身体の免疫力によってウイルス量がある一定のレベルまで減少したところで安定し、その後、数年〜10数年程度は症状がなく経過する。

エイズ発症期: 治療をしないでいると、HIV感染により免疫力が低下し、健康なときにはかからない弱い病原体によっても病気にかかる日和見感染症（ニューモシスチス肺炎や食道カンジダ症など）や悪性腫瘍の症状が現れる。

これらのほかにも、**毛ジラミ、疥癬、肝炎（A型・B型）性器カンジダ症、トリコモナス症など**たくさんの性感染症があります。

性感染症予防の方法と受診のすすめ

これらの性感染症は、**コンドームの適切な使用により感染のリスクを減らすことができます。**

他にもワクチン接種によって感染を防げるものもあります。特にコンドームをつけるのが苦手であったり、相手にコンドームをつけてもらえないことがある場合や、性感染症に罹患しているパートナーがいる場合、また、不特定多数の方とセックスをする機会がある方などには向いている方法かもしれません。

何か身体に異変を感じたら、まず病院に行きましょう。男性の場合は泌尿器科、女性なら婦人科が専門医療機関になります。しかしその際にも、性的マイノリティーの方にとっては、病院の受診は高いハードルになり得ます。私は日頃から、通院介助などを行う支援者や医療側にとってもさまざまな配慮が必要だと感じています。まだまだ理解の少ないこの国で、少しでも配慮、優しさの輪が広がって欲しいと思います。

感染が心配なときは検査を受けましょう

保健所では匿名・無料でHIVや梅毒の検査を行っています。検査の結果がその日のうちにわかる施設から、結果がわかるまでに1週間ほどかかる施設もあり、自治体によって対応が異なるので、お住まいの自治体のホームページなどで調べてみましょう。

最近では郵送で検査ができる機関もあり、誰にも知られずに検査を受けることもできるようになっています。新しいパートナーができたり、気になる行為があったときは積極的に検査に行くことをお勧めします。

　迅速に検査を受けることは、気がつかない間に大切なパートナーに感染させてしまって、2人の関係が悪化することを防いだり、大切な赤ちゃんができたときに安心して出産するためでもあります。

　大切なあなたの身体と、あなたの大切な人の身体を性感染症から守りましょう。

HIV/エイズの感染予防と治療も進んでいます

　最近では、HIV／エイズについても感染を予防するための薬が使用できるようになりました。**HIV予防薬（PrEP）** や **性病予防薬（ドキシペップ）**、**HIV緊急予防薬（PEP）** などです。これらは相手任せの予防法ではなく、自分の意思で内服し、感染予防が可能な手段としてWHO（世界保健機関）も勧めている予防法です。

　また、もしHIVに感染してしまっていても、病院で治療を受けて服薬を続けて体内のウイルス量を検出限界以下の状態を保つことができていれば、セックスでパートナーに感染させてしまうことはないということが研究と実験によって立証されています。

　その人の人生において、大切な人との性生活はとても大事なものです。もしHIVに感染していたとしても、ちゃんと治療をすれば幸せを諦めることなく生きていくことができるということです。

　詳しい情報はこちらのサイトを参考にしてください。

全国HIV／エイズ・性感染症　検査・相談窓口情報サイト
HIV検査相談マップ
www.hivkensa.com/soudan/tell

効果的な治療を続けていれば
HIVは感染しない
U＝U
hiv-uujapan.org

PrEPに関する情報と性の健康を支援する情報を発信
PrEP in JAPAN
prep.ptokyo.org

顔を少し加工してSNSに載せたら
フォロワーが増えた
すぐに人気者になった

そこでなら"なりたい僕"になれた
リアルの世界が暗ければ暗いほど
SNSの世界は光り輝いていた

ネットの闇に落ちて
すべてを失うのは一瞬だった
だけど新しいアカウントで
僕は何度でも生き返る
何人にだってなれる

SNSぐらいしかやることがない
そこには僕の毎日が　すべてがある
「おはよう」から「おやすみ」まで
毎日つながる彼女もいる

宮川 翔(かける)さん
19才

Case 09

いじめによるストレスでのめりこんだSNS依存とトラブルを経て支援につながる

翔（かける）さんは小学校1年生のときにASDと診断されました。ほかにも学習障がい（LD）があり、さらに軽度知的障がいの疑いも指摘されたのですが、お母さんの強い要望で、特に支援や合理的配慮を受けることのないまま通常学級に通いました。ほどなくして両親は離婚し、翔さんは3歳年上のお兄さんとお母さんの3人で暮らすことになります。

お母さんは生活を支えるために朝から夜遅くまで働きに出ていたので、翔さんは渡されたお金でコンビニ弁当や好きな揚げ物を自分で買って食べていました。着るものに強いこだわりがあったのでいつも同じ服を着ていたことと、どんどん太ってしまったためにいじめられるようになり、5年生になった頃には不登校になってしまいました。

中学生になっても、中学校には小学校のときに自分をいじめた子たちがそのまま進学しているので、またいじめられることを恐れてまったく通うことができませんでした。

その頃、高校生になったお兄さんに彼女ができて、お母さんが仕事でいない間に頻繁に家に連れてくるようになりました。お兄さんと彼女はいつも途中のコンビニでお菓子や飲み物を買ってきて、翔さんの部屋をのぞいてコーラを1本渡すと、すぐに自分の部屋に入っていきます。しばらくすると女の子のあえぎ声が翔さんの部屋まで聞こえてくるのでした。翔さんはお兄さんが彼女とセックスをしているのがとても羨ましかったのですが、どうせ自分には彼女を作るなんて無理だと諦めていました。

いじめに遭ったことで自分に自信を持てなかった翔さんは、人とのかかわりをSNSに求めるようになります。顔写真を少しかっこよく加工して載せてみたところ、あっという間にフォロワーが増えて人気者になりました。SNSに夢中になるにつれ、ますます学校から離れていってしまいますが、同時にトラブルも起こり、一時はSNSをすべてやめます。

しかし、高校で再びいじめに遭ったことで、以前よりも一層SNSに依存するようになってしまったのでした。

59

SNSは会うことが目的でなくても恋愛を体験できるアイテムです。

リアル世界の寂しさを埋めるSNS。承認欲求を満たしてくれることが依存性の高さにつながっています。

可視化されるつながりの実感

　自分の顔写真を少しかっこよくして載せると、たくさんの"いいね"がつき、フォロワーがすぐに100人を超えました。翔さんはそこで、今まで感じたことのない高揚感を味わい、すっかり夢中になりました。

　中学3年生になっても学校に行けませんでしたが、お母さんが高校進学を強く希望したので受験することになりました。一方、SNSにはますます熱中するようになっていました。思ったことを投稿するだけで見知らぬフォロワーから共感のコメントがつき、注目されている実感がありました。行った場所、食べたもの、興味を持ったもの、そしてつらかったこと、嫌だったことなどを投稿するたびに付くたくさんの"いいね"は、自分を肯定しているように感じられたのです。

求められることがうれしくて送った自分の画像

　中学を卒業する頃には、フォロワーの数は5,000人を超えていました。リアルの友達は1人もいないけれど、SNSには信用できる友達がたくさんいると感じた翔さんは自分の居場所ができたと心からうれしかったと言います。

　同時にトラブルも経験しました。親しくなった女の子から直接会いたい、それが無理なら裸の写真が見たいというメールが来ました。会う勇気が出なかった翔さんは、自分の顔や裸の写真を送るようになりました。すると彼女は突然SNSを退会してしまい、しばらくして翔さんが彼女に送った顔写真を使って別人のアカウントが作られていることに気がつきました。なりすましです。翔さんはもうSNSは中学卒業を機にやめようと決めたのでした。

居場所をなくしてもやめられない

　ところが、高校に進学して新しい環境でがんばろうと思っていた矢先、またいじめが始まりました。翔さんは再び不登校になり、気がつくとまたSNSを始めていました。好きなゲームの話題を発信していたら、ゲーム好きな人たちが集まってくるようになり、フォロワーはあっという間

に1,000人を超えました。

　人気者になって得意になっていた翔さんですが、知人の投稿にからかうようなコメントをしたことで炎上します。するとフォロワーがあっという間に減り、いろんなところで悪口を言われ、さらに昔のアカウントの裸の写真を晒されてしまいました。誰かが同一人物であることを知っていたのです。翔さんはついにSNS上にも居場所をなくしてしまいました。

　精神的に不安定になり、翔さんはお母さんに連れられて心療内科を受診しました。結局、高校を中退するのですが、働くこともできず、またSNSを始めます。完全にSNSに依存していた翔さんは今度はアカウントを20個も作り、自分の投稿に対して、所有する別のアカウントでコメントを付けるという「自作自演」までするようになりました。投稿に"いいね"がたくさんつくと安心でき、コメントがつくとホッとしました。SNSの中の彼女も3人ぐらいできました。

就労が視野に入って初めて支援につながる

　そのまま18歳の誕生日を迎えた翔さんは、自立に向けて就労を考えなければならなくなりました。そこで、心療内科で勧められて精神障害者保健福祉手帳の申請をして就労支援サービスの利用を目的に相談支援事業所に連絡してこられました。現在、就労移行支援事業所に通い、得意なパソコンのスキルを生かしてプログラミングの勉強をするかたわら、SNSとの上手な付き合い方について面談によるサポートを行っています。

恋愛とSNS

　発達障がいの特性によって低下した自己肯定感をSNSによって回復したかに見えるも、やはりその特性から依存に陥ってしまったのがこの翔さんの例です。

　SNS依存は、承認欲求が人一倍強いという発達障がい特性がある人は特に陥りやすいと言われます。いじめによって学校に居場所を失くしてしまった翔さんにとって、自分を受け入れてくれる（ように見える）SNSは、他人と理想的な関係が築ける魅力的な場所でした。恋愛においても同様です。容姿などのコンプレックスや対面でのコミュニケーションの苦手さを隠すことができる文字のやり取りで、女性と話ができる―。

　いじめられてきた経験から来る人間不信は深く、女性と性的な経験をすることを諦めていた翔さんにとって、SNS上の彼女とは、何でも話せて自分のことを一番よくわかっていてくれる特別な人ということのようでした。直接会うことはなくても、朝のおはようから、夜のおやすみまで一日に何回もメールで連絡し合う、その安心感におぼれることができました。現代ではこれも恋愛の方法の一つであることはもはや否定のしようがないのが現実です。ただし、発達障がいがある場合は、その特性によってトラブルに巻き込まれやすいリスクがあることも知っておいてください。

ネットやSNS利用に潜むリスク

発達障がいの特性を理解し、依存やトラブルを回避して上手に付き合いましょう。

毎日の生活にスマホが欠かせなくなったように、今や人々のコミュニケーションにおいてSNSは切っても切れない存在になっています。リアルでも付き合いのある友達だけでなく、趣味や話題の合う、実際には会ったことのない人と気軽にやりとりのできるSNSは、上手に利用すればとても便利で楽しいものです。ところが使い方を間違えると、トラブルになってしまうこともあります。

ネットやSNSの情報を簡単に信じてしまう

特に発達障がいのある人は、興味のあること、気になることからの切り替えが苦手であるなどの特性により、時間を忘れてSNSに没頭してしまいがちです。また、そこに書かれている情報をすぐに信じてしまいやすい傾向にあるとも言われています。

SNSや動画投稿サイトなどで、大きな金額が記載された通帳や大金の札束の画像を見せて「登録すれば儲かる」というような勧誘をよく目にします。こうした、普通ならにわかには信じられないような内容であっても、発達障がいのある人は疑うこともなく、その情報を信じてお金を振り込んでしまうこともあります。誰でも短時間でできる簡単なバイトといった募集広告に何の疑いもなく簡単に応募してしまい、悪いグループに引き込まれたり、事件に巻き込まれてしまうこともあります。

ネットとの相性の良さが依存のリスクに

そもそも発達障がいのある人は、対人関係やコミュニケーションが苦手な方が多いのですが、スマホやパソコンの画面越しのネット上や文字でのやりとりのほうが楽にコミュニケーションがとれるという声も一定数聞かれます。

こうした傾向にある人の場合、現実の対人関係よりバーチャルの世界での関係を重んじるようになってしまい、一日中パソコンやスマホの画面から離れることができなくなるようなこともあります。いわゆるネット依存という状態ですが、こうなると昼夜逆転の生活に簡単に転じてしまい、学校や仕事に行くこともできなくなります。ネットに依存するあまり、正常な日常生活を送ることが困難になってしまうのです。

また、"いいね"の数や好意的なコメントがたくさん付

くことで、注目行動や人一倍強い承認欲求を満たしてくれるSNSを常に気にしてしまい、眠っているとき以外はスマホから離れることができなくなるSNS依存の状態にも陥りやすいと言われています。

不用意な発信がトラブルに

SNSやそれらのダイレクトメッセージ（DM）での発信は、文字や画像としてずっと残るため、それを目にした人は何度もそれを読むことができるようになります。

軽い気持ちで書いたつもりの文章が、読む人にとっては重い内容に感じられることもあり、しかも何度もそれを見せられることによって深く傷ついてしまうこともあるのです。発達障がいのある人には、他人の気持ちを推測したり、発言の影響を予測することが苦手な人が多い傾向にあるため、知らず知らずのうちにSNSやネットで炎上トラブルを起こしてしまうことがあります。

上手に付き合うために身に付けたいマナー

ネットもSNSも、決して有害なものではありません。これからの時代はこれらと上手に付き合っていくことも、社会生活を送る上で大切なスキルになってきます。

ネットやSNS依存に陥らないようにするためには、まずそれらを見る時間を決めることです。布団やベッドに入ってからは見ないようにするなどのルールを決めることが大切です。

詐欺やその他の犯罪被害に遭わないために、大切なIDやパスワード、個人情報などは大切に保管して、誰かに聞かれても絶対に教えてはいけません。

他人の悪口や誹謗中傷、不確定な噂、わいせつな情報などの書き込みはしないなどのモラルや、社会のルールをよく知って、それを守ることも大切です。

そして送信ボタンや投稿ボタンを押す前に、「この投稿をすることで誰かが傷ついたりしないかな」と、一度考えるようにしましょう。たった一言で仕事がなくなってしまった芸能人や政治家もいます。

便利なネットやSNSは、マナーを守って上手に付き合っていきたいものです。

どん臭くて弱っちい僕を
祖父母はいつも叱咤激励した
だけど勉強も運動も人並み以下だ

教室で　校庭で　友達の輪の中にいる彼を
気がつくと目で追っていた
僕はいつも無意識に彼の姿を探していた

まさか
頭に浮かんだ考えを振り切って
僕は自分を封印した
それから　自分を否定しながら生きるつらさと
どこでも役に立たない不甲斐なさで
何度も消えてしまいたくなった

だけど"ひとりじゃない"
そのことを知った日から
僕は前を向けるようになった

戸塚 拓哉さん
19才

Case 10

誰にも言えない
セクシャルマイノリティーの苦悩を抱えて

「シャキッと！ 男らしくしなさい！」。同居する祖父母から常に厳しく言われてきた拓哉さんですが、痩せてヒョロッとした印象の通りに運動が本当に苦手でした。体育の授業でチームを組むときなどは、あまりにも戦力にならないため、友達の間で拓哉さんを押し付け合うこともありました。

そんなときでも、幼なじみのヨシキ君だけは拓哉さんを庇ってくれました。拓哉さんは、他の友達からバカにされたりからかわれたりしているときには、「そんなことないよ。大丈夫だよ」と、彼らがエスカレートしないように声をかけてくれるヨシキ君の存在を心強く感じていました。

中学生になるとヨシキ君はサッカー部に入部します。朝も放課後も部活があるので、小学生のときのように一緒に登下校することも遊ぶこともなくなりました。見た目もかっこいいヨシキ君は女子からもとても人気があり、気安く話しかけにくく感じるようになりました。それでも拓哉さんは、ヨシキ君が自分を庇ってくれたときのことが忘れられず、気がつくとボーッと遠くから彼の姿を眺め続けていました。

その後、2人は別の高校に進学します。拓哉さんは入学してすぐの頃、ノートの片隅に描いた先生の似顔絵がクラスの話題になりました。拓哉さんは絵を描くことが得意で、ノートの落書きは誰もが驚くほどそっくりでした。

ある日、隣の席の女子が読んでいるマンガが拓哉さんの目に止まりました。てっきり少女マンガだと思っていたのですが、ふと覗き込むと男同士が裸で抱き合っている場面が目に飛び込んできました。その瞬間、雷に打たれたような衝撃が拓哉さんの身体を走りました。女子生徒は「BL（ボーイズラブ）よ。今流行ってるの」と教えてくれましたが、ほとんど聞こえていませんでした。そのとき拓哉さんは、かつて抱いていたヨシキ君への思いの正体を知ったのでした。

でも、こんなこと誰にも言えない。あれはマンガの中だけの話…そう思って忘れようとしましたが、ずっと頭から離れませんでした。

そのままの自分でいい。心からそう感じられる場所につなぎます。

**同じような境遇の人たちがあなたの話に耳を傾け、あなたの抱えていた
つらさや苦しさをわかってくれる場所が必ずあります。**

　幼い頃からずっと「男なんだから」と言い聞かせられてきた拓哉さんには、自分の本心を押し殺す以外の選択肢はありませんでした。それでも、女子から告白されて付き合ってみても、好きになることなくフェードアウトしていました。

はじめての仕事でつまずく

　卒業後は地元のスーパーに就職しました。働くのは初めての経験です。ところがレジ打ちを教わっても、操作方法がなかなか覚えられません。何度も聞きに行くようになり、はじめは付き合ってくれていた先輩社員たちも呆れてしまって、とうとう品出ししかさせてもらえなくなりました。それでもやはり何度も同じ間違いをしてしまうので、その度にお客さんの前で叱責されたり、あからさまな嫌がらせをされるようになってしまいました。

　拓哉さんはだんだんと仕事に行くのがしんどくなり、朝起きることができずに体調不良を理由に休むことが増えました。休んだ日は夕方近くまで布団から出られず、用意してもらった夕飯を食べたあとは自室に籠ってずっとゲームをして過ごしていました。

　僕は価値のない人間だ。生きてたっていいことなんてない。そんな考えがぐるぐると頭の中を回って、たびたびリストカットをするようになりました。そのうち明け方までゲームにのめり込むようになり、生活が昼夜逆転。完全に仕事に行けなくなってしまい、ついに解雇されてしまったのでした。

発達障がいがあることがわかる

　ずっとだるくてお腹の調子も悪かったので、拓哉さんは内科を受診しましたが、原因がはっきりしません。そこで勧められた精神科クリニックを受診したところ、うつ病と診断されました。精神科の医師の判断で検査を行うと、拓哉さんには自閉スペクトラム症（ASD）があることがわかりました。

　医師から説明を聞き、これまで他の人にはなんでもないことが自分にできなかったり、手順をなかなか覚えられなかったのは発達障がいのせいだったことがだんだんと納得

できました。運動が極端に苦手だったのも、発達障がいに関連する症状として持ち合わせた不器用さのせいでした。

相談支援事業所を訪ねる

　これからどうしよう。まともに働けないならもうずっと家にいたいけれど、きっと家族は毎日うるさく仕事をしろと言うだろう。それも耐えられない─。悩んだ拓哉さんは、精神科で福祉サービスについて教えてもらい、訪ねた役所の窓口で紹介を受けて相談支援事業所にやってきました。

　私が面談室に入ると、拓哉さんは棚にあったLGBTQ＋の支援団体のパンフレットを読んでいました。私に気がつくと、慌てて元の位置に戻して会釈をしました。

　福祉制度について一通り説明したあと、「LGBTQ＋に興味がありますか?」と尋ねてみました。すると拓哉さんは少し迷いながら、ヨシキ君のことを打ち明けてくれました。私は「人を好きになるのに、性別は関係ないですよ。拓哉さんはたまたま好きになったのが男性だっただけで、人を好きになるのは素晴らしいことです」と伝えました。すると拓哉さんは驚いたように顔を上げて、微笑むような泣き出しそうな、なんとも言えない表情で私を見ました。

ダブルマイノリティーのつらさ

　「これも発達障がいのせいなんですかね…」目を伏せるようにして拓哉さんは言いましたが、決してそうではありません。発達障がいの症状は脳の発達上の特性であって、性自認・性的指向とはかかわりのないことです。拓哉さんの場合は、発達障がいの特性による生きづらさと、セクシャルマイノリティーの生きづらさの両方、いわゆるダブルマイノリティーという状況でした。2つの偏見によって、自分らしく生きることを社会に受け入れてもらえないつらさが、二次障がいとなるうつ病の発症につながりました。

　リストカットなどの自傷行為は注目行動と捉えられることがありますが、拓哉さんは違いました。発達障がいのある人は「ぐるぐる思考」と呼ばれる反芻(はんすう)思考の傾向を持つことがあります。失敗したことや怒られたことが何度も思い出されて、そのたびにダメージを蓄積させてしまいます。その思考の循環から逃避するためにリストカットをしていました。

ありのままの自分でいられる居場所を

　拓哉さんはうつ病の治療をしながら、セクシャルマイノリティーの集まりにも参加してみることになりました。一人で行くのは不安だということで、私も同行することになりました。LGBTQ＋に関連する団体の相談窓口にも一緒に行きました。LGBTQ＋の人たちの中にも発達障がいのある人たちがいます。自分と同じ境遇の人や、理解してくれる人たちとの出会いは、どん底にいた拓哉さんにとって大きな救いになりました。分かり合える仲間の存在が、これから社会復帰を目指す拓哉さんの大きな力になってくれるはずです。

なんでこんなに苦しいんだろう
俺はどうして男に生まれなかったんだろう

女の身体なんかいらない
本気でそう思ってたのに
何かしようとするたびに
男が　女が　仕事が　社会が
俺は女だってことを思い知らせようとしてくる

女ではいられない
男にもなれない
誰にもわかってもらえない
いったいどうやって生きろと言うんだ

そうしてさんざん自分を傷めつけたあと
俺には発達障がいがあることがわかった
その診断は暗闇に光をもたらした

鹿島 夏海(なつみ)さん
26才

Case 11

発達障がいに気づかないまま
トランスジェンダーの生きづらさを抱えて

　父親が教えていた空手道場で、幼い頃からお兄さんと一緒に空手の稽古に励んできたという夏海さんは、見た目もショートカットにしていて空手も強かったので、男の子っぽいイメージや言動に誰もあまり違和感を持っていませんでした。

　でも、夏海さんの心の中は混乱していました。実は小学生の間ずっと、どうして自分にはおちんちんがないのかわからなくて悩んでいたのです。女子同士で組んで体操したりする体育の時間は、なんだか恥ずかしくて苦手でした。普段はジャージで過ごしていたのに、卒業式の日だけはスカートをはかされたのは苦痛でたまりませんでした。

　中学生になって、男の子とは違っていく身体の変化を自覚するたびに、自分は女なのだということを突きつけられるように感じていました。授業も部活も男女に分けられることが増えて居心地の悪さも感じ、そのうちにだんだん男子が一緒に遊んでくれなくなったため、1人で過ごす時間が増えたと言います。自分は何かおかしい、と、その頃に気がついたそうです。

　スポーツ推薦で空手部のある高校に進学。大きくなった胸を邪魔に感じ、ずっとスポーツ用のサラシを胸に巻いていました。全国大会で優勝するなど活躍しましたが、本当は男子として出場したいと思っていました。

　高校を卒業してからは憧れていた自衛隊に入隊するのですが、この頃から、夏海さんは自分の恋愛対象が女性であることに気づきます。

　ところが母親にガンが見つかり、闘病生活を支えるために除隊して実家に戻ることになったのでした。実家に篭りきりの毎日の中、息抜きに楽しんでいたSNSで親身に相談に乗ってくれる男性と知り合います。会って話をしているうちに、その男性から迫られるままに勢いで性行為を受け入れてしまいます。その男性とはなんとなく気まずくなって疎遠になった頃、妊娠していることがわかったのでした。

発達障がいの診断を受けることで福祉的支援につながります。

トランスジェンダー（性別違和※）への配慮とは別に、生きにくさの原因となっていた発達障がいへの支援が、仕事や生活を支えます。

※現在では精神疾患として扱われなくなったため、以前使われていた性同一性障害という疾患名は廃止されています。

心と身体の性がちぐはぐなままの出産・子育て

　夏海さんは女性の身体でありながら、心は男性のトランスジェンダーでした。自分の性自認が男であることを自覚してからも社会的には女性として生活していましたが、あらゆる場面で生きづらさを感じていました。

　妊娠して出産するにしても、相手の男性と結婚して家庭を持ち、お母さんとして女性のカテゴリーに押し込められることは到底受け入れられなかったのです。

　夏海さんはシングルマザーとして出産し、実家で両親に子育てを手伝ってもらいながら、働きに出ることにしました。空手や自衛隊の経験で体力には自信があったので、給料の良い建築現場の仕事を紹介してもらい働き始めたのですが、妊娠と出産に費やしたこの一年の間に体力も筋力も衰えていました。思っていたように動けないことが悔しくて、夏海さんは退職します。

どんどん強くなる性別違和の症状

　この頃、テレビでトランスジェンダーや女性から男性に性別適合手術をした人などが出ていて、それを見ているうちに、夏海さんは自分も手術をして本当の男性になりたいと考えるようになりました。そのためにお金を貯めたい。できるだけ稼げる仕事をして、手術のためのお金を早く貯めたいと、強く望むようになったのです。

　建築現場の仕事に挫折して自暴自棄になっていた夏海さんは、女性の身体に生まれたことを恨むあまり、まるで自傷行為をするかのように風俗で働きだしました。お金が入ってくると、まず男性ホルモンの注射を打ち始めました。しばらくすると生理が止まり、アゴの辺りにうっすらとヒゲが生えてきて、心なしか胸も小さくなったような気がしました。注射の効果を実感することで、性別適合手術への願望は徐々に薄らいでいきました。

発達障がいがあることがわかる

　ところが不規則な生活に加えて育児の忙しさもあって、夏海さんは気持ちの浮き沈みが激しくなることが増え、やがて不眠や倦怠感などの不調が続いて仕事に行くことができなくなってしまいました。ホルモン注射のせいかもしれないと思って担当医に相談したところ、精神科に行くことを勧められたのでした。紹介状をもらって精神科を受診すると、うつ病と診断されました。

　そこで夏海さんは精神科の医師に、子どもの頃から感じていた周囲との違和感や自分の行動の特徴などについて詳しく話をしました。すると医師は、もしかすると今回のうつ症状は、別のなんらかの原因から来る二次障がいなのではないかと考え、その原因究明のために心理検査と発達検査を受けることを勧めました。そしてその検査の結果、夏海さんは注意欠如・多動症（ADHD）と診断されたのでした。

　これまでの人生においての夏海さんの選択や行動は、トランスジェンダーであることの他に、ADHDの特性である"先を見通す力の弱さ"と"衝動性の高さ"が影響したと考えると合点がいくことが多々あります。

適切な支援を受けて社会復帰を目指す

　発達障がいがあることがわかったことで、これまでの生きにくさの原因に納得できた夏海さんは、うつ病の治療に専念することができるようになりました。それから医師の勧めで半年ほど通院と治療をしたのちに、精神障害者保健福祉手帳の取得手続きをしました。この頃には薬も睡眠導入剤だけで過ごすことができるようになっていました。

　手帳が取得できたあと、役所で福祉サービスの説明を受けて相談支援事業所につながりました。精神科の医師からもそろそろ昼間の活動を始めてみてはどうかという勧めがあったということなので、私は移動支援や就労継続支援事業所などを紹介しました。

　就労については特に配慮して、LGBTQ＋に理解のある事業所を紹介したいと考えました。夏海さんはここにたどり着くまでに大変傷つく経験をしてきています。これ以上つらい思いをすることのないように、ありのままの自分が認められ、受け入れてもらえる場所で働けることが重要なのです。仕事の内容はもちろんですが、多様性に理解のある就労継続支援A型の事業所を紹介することになりました。

　こうして夏海さんは、トランスジェンダーであることと、発達障がいがあることの両方で適切な支援を受けることができました。現在、箱折りなどの軽作業で働き、いずれ一般就労に戻れるように体力をつけて、生活リズムを整えることを目標にがんばっています。

LGBTQ＋

男性か女性かの2択では考えられない、多様な性の時代に世界中が向かっています。

人は誰かを好きになることがあります。その人のことがとても気になり、一緒にいるとドキドキしたり、もっとその人のことを知りたい、そして、自分のことを知ってもらいたい、触れたいといった気持ちが芽生えてきます。同時に「嫌われたくない」と、自分を良く見せようともします。こうした気持ちが生まれることは、とても大切で素敵なことです。

人を好きになるときには、相手の性別は関係ありません。可愛い女性アイドルが好きな女の子がいたり、かっこいい男性ミュージシャンを好きになる男の子がいるように、憧れたり恋こがれる相手が異性であるとは限りません。

どうやら、人を好きになるということは理屈ではないようです。自分ではどうにもできないほど深いところから湧き上がってくる感情に、誰もが翻弄(ほんろう)されます。

性の多様性とその仕組み

ここでは、その恋愛にかかわる性の多様性や、性のあり方について考えたいと思います。

まず、性は4つの要素の組み合わせで表現されることを知っておいてください。

これらの性の要素の組み合わせは、どれも間違っていません。しかし、どの組み合わせにも当てはまらない人もいます。世の中にはいろんな人がいて、いろんな気持ちや性があるのです。例えば、身体は男性で生まれたけれど心は女性で、女性として生きていて、男性が好き。または、女性として生まれたけれど、心も身体も男性として生きていて、男性が好き、など、性のあり方は自由で、誰からも否定されない権利があります。

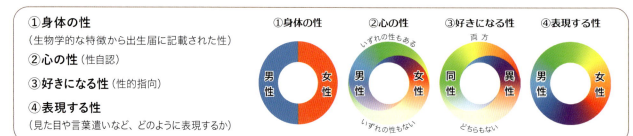

① **身体の性**（生物学的な特徴から出生届に記載された性）
② **心の性**（性自認）
③ **好きになる性**（性的指向）
④ **表現する性**（見た目や言葉遣いなど、どのように表現するか）

LGBTQ＋という言葉を聞いたことがあるでしょうか。

　　L＝レズビアン（女性同性愛者）
　　G＝ゲイ（男性同性愛者）
　　B＝バイセクシャル（両性愛者）
　　T＝トランスジェンダー（生まれたときに割り当てられた性別と自分が体感している性別が違う人）
　　Q＝クィアやクエスチョン（自分の性がわからない人、決められない人や、あえて決めていない人）

　そして、＋はそれ以外にもさまざまなセクシャリティーがあること、とされています。これらのセクシャルマイノリティーの割合は、調査機関によってばらつきがあるものの約10％くらいと言われています。これは左利きの人の割合と同じ程度であり、決して珍しくありません。

　性のあり方はグラデーションで、人それぞれに違っていて当然です。生まれたときに決められた性別に違和感を覚えたり、同性に興味がある人もいますし、思春期になって興味が出てきたり、自分の性に気がついたりすることもあります。さらに最近では、アセクシュアルと呼ばれる、性的に人に惹かれない・恋愛心を抱かないという人もいると言われています。そもそも、セクシャリティーをカテゴライズされること自体に違和感を覚える人もいますし、流動的である人もいるのです。

　好きな性や表現したい性が変わったり、揺らぐのも決して特別なことではありません。大切なのは、男や女という物差しを使わず、自分がどう生きたいのかということです。

無理に聞き出さない。そしてアウティングしない。

　身近に、もしかしたらLGBTQ＋かな？　と思える人がいても、無理に聞き出そうとするのはやめましょう。たとえ親子やきょうだいであってもです。その人の意思で自らのセクシャリティーを伝えることを**カミングアウト**と言いますが、打ち明けるかどうかを決めるのはその人自身です。そしてあなたに打ち明けてくれたときには、絶対に**アウティング**することはやめましょう。アウティングとは、本人の同意を得ずに、性のあり方を第三者に暴露することです。あなたを信用してカミングアウトしたのであって、あなたの周りの人に伝えていいということではないのです。人格権やプライバシー権の侵害にもなり、本人をとても傷つけます。

　現在の日本では同性婚は認められていません。しかし、各自治体は「パートナーシップ証明書」を発行し、交際を公に認め事実婚状態であることを証明しています。世界で見ると2001年のオランダを皮切りに37の国・地域で同性婚が認められています。（2024年3月時点）

　このように、日本だけではなく世界で"性のあり方"は変化し続けています。LGBTQ＋であってもなくても、自分らしく生きていける社会が実現されることが大切です。

Q&A

発達障がいのある人には、その特性ならではの恋愛の悩みがあります。ここでは、これまでに私に寄せられたことのある相談と、その回答をいくつか紹介します。

　まず、人を好きになること、愛するということは素敵なことです。彼のことが気になるのも、好きであるからこその気持ちです。でも、自分の「好き」という気持ちだけでは成り立たないのが恋愛です。自分とは違う人格であり、自分の思い通りにはできない相手の気持ちも大切なのです。

　自分の中にどうしても湧いてきてしまう不安や、マイナスな感情は、相手にぶつけたりせずに自分で解決できたらいいですね。別々に過ごしている時間をほかのことで充実させたり、彼のことがどうしても気になって不安なときには友人と遊びに行ったり、ほかのことに目を向けることも恋愛が長続きする秘訣かもしれません。

いつも彼が何をしているのか気になって束縛してしまいます。

　付き合って3か月くらいの彼がいるのですが、いつも彼が何をしているのか気になります。LINEを送ってもすぐに返事がないと、もしかしたら、他の女の子と一緒にいるんじゃないかと考えてしまって気が狂いそうになるんです。

　この前、LINEの返信がすごく遅くて心配だったので、GPSのアプリを入れて居場所がわかるようにしました。彼と会ったときには、スマホの中を全部チェックさせてもらいます。浮気していないかどうか確認しないと安心できません。

男なのにピンク色が好きなのは変なのでしょうか。

　僕は小さい頃から可愛いものが大好きで、ピンク系の色を選びたくなってしまいます。服もです。リボンやレースを使った可愛いデザインの服にとても憧れるのですが、男なので、周りから変に思われないように我慢しています。

　小学生の頃から、クラスで「女っぽい」と言われていじめられたこともあります。女の人になりたいとか、男の人が好きというわけではなくて、ただ、可愛い服やファンシー

なものが大好きなんです。

　何色が好きか、どんな物が好きなのかは、みんな違って当然です。同じように、自分が好きになる相手の性や、自分が表現したい性も人それぞれです。もちろん、ほかのみんなと違っていても良いのです。そもそも世界の歴史の中では、中世の頃の欧米でピンク色は男性の色と言われていました。ジェンダーによっての色分けは、その時代によって変化し続けています。最近ではピンク色のヘアカラーをする男性もたくさんいますし、ピンク色の男性服もたくさん販売されています。

お互いにうまく気持ちを伝えられなくてケンカになってしまいます。

　僕は発達障がいがあります。付き合っている彼女にも発達障がいがあります。
　最近は、彼女の考えていることや気持ちがよくわからないときがあります。僕も自分の気持ちをうまく伝えられていないみたいで、ときどきケンカをしてしまいます。

　交換ノートを使ってみてはいかがでしょうか。口に出すと恥ずかしかったり、うまく伝えられないことも、交換ノートならゆっくり考えながら書けるので、あなたが考えていることや、本当の気持ちを伝えられるかもしれませんよ。発達障がいのあるカップルが、交換ノートを書くようになってからケンカをしなくなったと知らせてくれたことがあります。
　交換ノートのルールは、お互いでしっかり話し合って決めていくのが良いと思います。交換の頻度や、1回で書くページの量など、2人だけのルールを決めてくださいね。

セックスのとき彼がコンドームをつけてくれません。

　彼とはマッチングアプリで知り合って、付き合うようになりました。私も彼も発達障がいがあるのですが、私にとっては初めての彼氏です。
　実は、彼がセックスのときにコンドームをつけてくれないので困っています。そのときはいつもモヤモヤした気持ちのままつい流されてしまうのですが、それから次の予定日までの間、生理がちゃんと来るかずっと不安です。

　まずは「コンドームをつけてくれないから悲しんでいる」ことをきちんと伝えましょう。男性の中には、相手もつけないことを望んでいると思っていたり、つけるのは相手に悪いとすら思っている人もいます。だから、まずはあなた

がコンドームをつけて欲しいと思っていることを伝える必要があります。

　もし、断られたら、その理由を聞きましょう。例えば、「コンドームをつけると感じない」というようなことであれば、最近はつけているかわからないくらい薄いものも開発されています。予算的なものでつけたくないのであれば、一緒に節約したり、女性が買うのも一つの方法です。

　ほかにも、つけ方がわからない人や、なぜつけないといけないかわかっていない人もたくさんいます。その場合、あなたがなぜつけて欲しいのかを教えてあげてください。それでもダメな場合は、「じゃあ、今日はセックスしない」とはっきりと言うことも大切です。コンドームをつけないリスクは圧倒的に女性の方が高いのですから。

いつもスマホが手放せない
SNS依存になってしまいました。

　マッチングアプリやSNSに毎日投稿しています。始めてすぐにハマってしまい、気がつくとスマホばかり触っています。自閉スペクトラム症（ASD）とうつの診断をされています。

　自分でも最近やばいと思っているのが、"いいね"がいくつついたか、フォロワーが何人になったかがいつも気になるようになったことです。投稿するための話題が欲しくて、つい嘘をついてしまったり、他のフォロワーに"いいね"やコメントの数で負けたくなくって、同じ場所に行ったり同じことをしようとしてしまいます。

　SNS依存は今、社会問題にもなっています。SNSのシステム上、"いいね"やコメントなどが気になるような仕組みになっているので、やめどきが分からずに延々と見続けてしまい、社会生活に支障をきたしてしまいます。

　自分の良いところや自慢できることをみんなが同じような気持ちで投稿しているわけですから、誰が見ても「すごい！」と思えるような投稿で埋め尽くされています。それに負けないような内容の投稿を続けるのは至難の業です。そのうちに、どんどん背伸びをした投稿をするようになると話題作りのためにお金もかかってくるでしょう。

　よく考えてみてください。その"いいね"は本当にあなたが認められたということでしょうか。ずっとSNSのことを考えて、スマホが手放せないあなたは素敵でしょうか？

女性とのお付き合いが
長く続きません。

　僕は今、大学4年生です。発達障がいがあることを、小学生の頃に親から教えてもらっています。でも、勉強も友達関係も、これまでそんなに困ったということはありませんでした。ただ、女の子との交際が長続きしません。彼

女ができても、なぜかすぐに振られてしまうんです。大学に入ってから20人くらいと付き合ったのですが、みんな割と付き合ってすぐに「別れたい」と言ってきます。

さすがに、これは何か僕に原因があるかもしれないと思い始めています。思い返すと、大抵の場合「どうしてそんな酷いこと言うの?」と言ってケンカになっていました。

僕は、彼女になる人には、思っていることを全部伝えたいです。隠しごとをしたくないんです。彼女が似合わない服を着ていたり、変な化粧をしていたら注意してあげて、本音で付き合っていきたいと思っています。

相手に思った通りのことを伝えたら、嫌われて振られてしまったという話はよく聞きます。恋人同士で大切なのは、お互いにどのような性格をしているのか、どのようなポリシーや考え方を持って生きているのかを共有していくことです。まず、あなたが「恋人と本音で付き合っていきたい」「思っていることを口に出してしまう」ということをきちんと伝えた方が良いかもしれません。彼女はあなたとデートをするときに、めいっぱいオシャレをして、がんばってお化粧もしてくれたのでしょう。それは、あなたに少しでも良いところを見てもらいたいと思うからこそなのです。ところが、いつもと違った服装やお化粧は、あなたをびっくりさせたのかもしれませんね。でも、それをストレートに言ってしまうと、彼女はきっと傷ついてしまいます。

もしかしたら、お付き合いをすることを決めるのが少し早いのかもしれませんね。もう少しお互いのことを知ってから交際を始めた方がうまくいくのではないでしょうか。今後は、まずお友達として、お互いを知り合う期間を作ると良いかもしれません。

好きになった人と離れ離れにさせられてしまいました。

グループホームに入居して、就労継続支援A型の事業所に通っています。僕は電車や乗り物が好きで、休みの日はいつも電車の旅に出ています。

同じ事業所の中にも乗り物好きな仲間たちがいて、最近、その仲間の一人を好きになりました。でも、それを事業所の人に話したとたん、その人と席を離されてしまいました。休み時間にも話をすることができないように、別々の場所で過ごすようにされてしまいました。

僕は事業所の人に、彼女のことを好きになったとは伝えましたが、彼女と恋人になりたいと思っているわけではありません。一緒に電車の話をしたりするのが楽しかっただけなんです。

事業所の対応はとても残念なことですね。まずお伝えしたいのは、人を好きになるのは、誰にとっても素敵な

ことだということです。事業所の職員さんは、なぜそのような対応をしたのでしょうか。もしかしたら、あなたがその女性とお付き合いをしたり、性的な関係になることを問題だと考えたのかもしれませんね。あなたのことを誤解した事業所の職員さんの行動かもしれません。

そのようなときは、相談支援専門員さんや、事業所のサービス管理責任者の方ときちんと話をしたほうが良いでしょう。そして、そのお相手の女性の気持ちも、きちんと聞いてみましょう。私は、素敵な恋愛を楽しんで欲しいと思います。

好きな人にかまってもらいたいのに どうしても振り向いてくれません。

初めて好きな人ができました。最初はこの感情が何なのか自分でもよくわからなくて、その人に気にして欲しくて「昨日、マッチングアプリであった人とセックスしちゃった」とか、「この前、貧血で倒れそうになった」とか心配してもらえそうなことを言っても振り向いてもらえませんでした。

毎日 LINE にメッセージも送ったし、偶然会ったように家の前で待ってみたりもしました。遊ぼうと誘ったら「今日は仕事が遅いから無理だよ」と言われたのですが、嘘です。会社の前で見張ってて、定時に退社したのを見てたので。

ひどくないですか? 腹が立ったので、その人の会社にメールしたり、いたずら電話をかけてやりました。

それはストーカー行為で、迷惑行為防止条例で禁じられています。すぐにやめましょう。

そしてまず、その人がどうしたら自分を好きになってくれるのか、どうしたら嫌いになるのかを考えてみましょう。それから、自分が今していることを相手が知ったらどう思うかを考えてみてください。

そもそも恋愛とは、なかなかうまくいかないものなのです。自分の気持ちだけではなく、相手の考え方や気持ちを考えなければなりません。お互いの状況や気持ちが合わないとうまくはいきませんし、相手に期待をして見返りを求めてみても、思った通りには返ってこないものです。

もし、「上手に恋愛をしたい、うまくなりたい」と思うのであれば、まず恋愛以外のものに目を向けてみてはどうでしょう。趣味やスポーツなど、あなたが自信を持てるものを見つけてみてはどうでしょうか。周りから見て、自分に自信を持っている人は素敵に見えます。あなたに憧れる人が出てくることもあるでしょう。

人は追いかけられると逃げたくなるものです。それでも、人を好きになって、夢中になったときには、冷静に周りに相談してみましょう。どうしたら自分を好きになってもらえるか、何をしたら嫌われるかを、客観的に知ることも大切ですよ。

幸せのかたち、愛のかたち

　幸せのかたちは人それぞれ違います。自分が幸せだと思っていることでも、他の人から見ると幸せに感じられないこともあるでしょう。好きな食べ物や好きな芸能人がみんな違うように、幸せのかたちは人それぞれ違って当然ですし、時代とともに流動的に変わっていくものなのではないでしょうか。

　そのことは"愛"についても言えると思います。愛は恋愛以外にも存在します。友人に対する愛、動物に対する愛、ものに対する愛、地球に対する愛など、その範囲はとてつもなく大きいものです。愛に囲まれて生きていく私たちにとって、誰かを愛することはごく自然なことであり、それはとても崇高な感情であるとも言えます。

　そして、"愛"と"幸せ"は、複雑に絡み合っているのです。この2つがイコールというわけではありませんが、愛があれば幸せを感じることができるでしょう。

　この愛のかたちが近年より一層複雑化し、多様性を認め合う時代になってきました。昔のように、結婚や出産が愛のゴールだと考える人が減ってきているのも事実です。結婚をしても不幸だと感じている人はいるでしょうし、結婚をしなくても幸せな人生を歩んでいる人はたくさんいます。いかに自分が幸せであると感じられるかが大切な愛の指標になっている、ということではないでしょうか。

　私は、夫婦別姓か、同じ姓を名乗るのか、そもそも籍を入れるのか入れないのか、パートナーは同性なのか異性なのか、どのように生きていくことが自分らしい幸せのかたち、愛のかたちなのかを考えることが大切だと考えます。そのためには、他人から認められたいと思うのであれば、まず他人を認められるようになること。誰かを愛したいと考えるのであれば、まず自分自身を愛せるようになることです。

　一方で、近年、欧米ではオープンリレーショナルシップという関係も注目されています。これは恋愛や婚姻関係にあるカップルが、その関係を継続しながら、さまざまな事情や人格、考え方などを尊重し合うために、パートナー以外の人と恋愛や性的関係を持つことに互いに合意するというものです。

　いずれにせよ、どのような"幸せ"や"愛"であっても、自分らしく胸を張って生きていける社会になっていくことを、私は望みます。

困ったときに頼れる相談先

発達障がいがある人にとって、現在の社会には、とても生きづらさを感じる場面が少なくありません。悩んだり困ったりしたとき、私たち支援者を通じて適切な支援機関につながり、少しでも生きづらさを軽減することができるように、相談支援事業所以外にも相談先になりうる機関を紹介します。

発達障がいがあるのかも…

市区町村の保健センターや発達障がい者支援センターに相談しましょう。または精神科、診療内科などの医療機関を受診してください。

どんな悩みでも寄り添って
一緒に解決する方法を探してくれる電話相談

よりそいホットライン

厚生労働省による補助金事業。どんな人の、どんな悩みにもよりそって、一緒に解決する方法を探す、**24時間・365日の無料電話相談**。専門の相談員が対応します。性別や同性愛などに関わる相談は、ガイダンス #4 を押してください。

フリーダイヤル 0120-279-338
岩手県・宮城県・福島県からは
フリーダイヤル 0120-279-226

一般社団法人 社会的包摂サポートセンター
www.since2011.net/yorisoi

NPO法人虹色ダイバーシティ
LGBTQの相談先リスト
nijiirodiversity.jp/513

誰にも言えない、思いがけない妊娠をして悩んでいる方
妊娠の相談窓口一覧
zenninnet-sos.org

性感染症に感染したかも…

男性の場合泌尿器科、女性の場合は産婦人科を受診しましょう。他にも保健所・保健センターや各自治体が行なっている無料検査場もあります。 57ページ

性被害に遭ってしまったら…

警察の性犯罪被害相談電話　　　#8103
性暴力被害者ワンストップ支援センター　#8891

産婦人科などの医療機関を受診しましょう。病院や警察に行く際にはなるべく身体を洗わず、着ていた服や下着も洗わずに持参します。被害に遭ったときに食べたものや飲み物（食器など）も持って行くことをお勧めします。緊急避妊薬（EC）によって望まない妊娠を避ける方法もあります。 45ページ

参考資料一覧

　この本を書くにあたって、性にまつわる本や愛着にかかわる本など多くの文献を参考にしました。まだ発達障がいへの理解が進んでいないこと、そして思春期以降のいわゆる"大人の発達障がい"を視野に入れた性にまつわる本がないこともわかりました。

　このことは、発達障がいがいかにスペクトラムであるか、そしてそれゆえに、特性がつかみづらいものであるのかということ、さらに、この多様性重視の時代において、性の問題があまりにも多岐に渡るため、まとめることがいかに困難であるかということを示しています。

　右の文献や、前ページに掲載した相談機関のリストには支援のためのたくさんのヒントが隠されており、発達障がいのある人やその支援者、ご家族にとって有益な情報が溢れています。これらを参考にしながら、本書『めざめとともに』では今までに存在しなかった、発達障がいのある人の思春期以降の支援について考えるべき、知っておくべき性の問題を取り上げました。

伊藤修毅(2023)『発達が気になる子の性の話
　　　　　　　ーみんなでいっしょに学びたいー』講談社
米沢好史(2022)『愛着障害は何歳からでも必ず修復できる』
　　　　　　　　　　　　　　　　　　　　　合同出版
木全和巳(2018)『〈しょうがい〉と〈セクシュアリティ〉の相談と支援』
　　　　　　　　　　　　　　　　　　クリエイツかもがわ
石田仁(2019)『はじめて学ぶLGBT　基礎からトレンドまで』
　　　　　　　　　　　　　　　　　　　　　　ナツメ社
"人間と性"教育研究協議会　障害児・者サークル(2016)
　　『性と生の支援　性の悩みや戸惑いに向き合う』本の種出版
辻圭輔(2024)『すだちとともにー相談力育成サポートブック』
　　　　　　　　　　　　　　　　　　　　　そらの子出版
厚生労働省『性感染症』
　www.mhlw.go.jp/stf/seisakunitsuite/bunya/kenkou_
　iryou/kenkou/kekkaku-kansenshou/seikansenshou/
　index.html　（参照2024-10-28）
U=U PROJECT
　hiv-uujapan.org　（参照2024-10-28）
NPO法人QWRC『LGBTQと女性のためのセンター』
　qwrc.org/　（参照2024-10-28）
NIID国立感染症研究所『後天性免疫不全症候群とは』
　www.niid.go.jp/niid/ja/kansennohanashi/400-aids-
　intro.html　（参照2024-10-28）

あとがき

　今の世の中は、随分と発達障がいに対する理解や支援は進んだように思えます。しかしながら、"愛"について考えるとき、人生のなかで誰もが経験するこの素敵な気持ちが、障がい者支援の中で置き去りにされていると感じています。誰もが、人を愛し、触れ合いたい、結ばれたい、という気持ちを持っていることでしょう。ところが、障がいのある人にとって"性"というもの自体がタブー視されることで、そこにつながる"愛"からも目を背けられてしまっています。

　この本は「発達障がい×性」というテーマで執筆しました。私がこれまで、相談支援専門員として発達障がいのある方の支援に向き合ってきたなかで、性の問題はその人の人生においても、相談支援の現場においても、切っても切れないテーマであることを実感しているからです。

　性については"秘めごと"とされ、家庭で話されることはまだ少なく、学校での性教育もオブラートに包んだような話しかされないのが現状だと思います。発達障がいのある人にとって、はっきりと言われていないことを理解することは容易ではありません。その上、コミュニケーションの障害と言われる発達障がいの特性は、人付き合いでつまずきがちです。特にはっきりと言葉にしなくても通じ合うことを求められるような恋愛のハードルは高く、そもそも理解することが困難である場合も多いのです。

　恋愛の過程には、出会いから友人期間、デートや恋人関係の期間があり、その後の結婚や妊娠、そして病気のことまでを視野に入れることが大切ですが、そのようなことを細かく教えてもらえる機会はないと言っても過言ではないでしょう。

　私はこれまで、発達障がいのある人の恋愛や性にかかわるさまざまな相談を受けてきましたが、それは皆、特別なことでもなんでもなく、ほとんどの人が抱えている悩みと何ら変わりませんでした。私たち相談支援専門員は障がいのある人の人生の伴走者であり、良き相談相手です。一番身近な私たちが一緒に悩み、一緒に考え、一緒に前に向かって歩んでいくなかで、まずは自分自身を大切に思えること、自分自身を好きになることから始めていただきたいのです。自分が大切だからこそ、自分の愛する人を自分と同じくらい大切に思えるのではないでしょうか。

　このような思いを胸に執筆を終えた今、改めてこれまでかかわってくださった利用者さん、ご家族、スタッフ、支援関係者の皆さんに感謝を申し上げます。また、この

本の執筆にあたって協力してくださった相談支援専門員の大森さん、土崎さん、桂木さん、監修してくださった青木聖久先生、本当にありがとうございました。心から感謝しております。

　今後も、私の経験が少しでも皆さんの人生に役立つことを祈って、次回作にも取り組んでいこうと考えております。誰もが胸を張って、好きな人を「好き」と言える社会の実現に向けて、今後も精進してまいります。最後までお読みいただきありがとうございました。

2024年12月

辻　圭輔

相談支援専門員／介護支援専門員

社会福祉士・精神保健福祉士・公認心理師・介護福祉士・保育士

日本福祉大学大学院　社会福祉学修士
修士論文のテーマ：「精神障がい者の外出支援に関する研究」

2006年　有限会社ダンデライオン 設立
2012年　ケアサービスダンデライオン 開設
2016年　ダンデライオン相談室 開設
2017年　ケアサービスダンデライオン名古屋 開設
2022年　NPO法人ダンデライオン 設立
　現在は、相談支援専門員、介護支援専門員の資格を活かし、ワンストップ型の相談援助職として従事している。

誰にとっても唯一無二の一度きりの人生

監修

青木 聖久

日本福祉大学教授／博士（社会福祉学）／精神保健福祉士
全国精神保健福祉会連合会（家族会）顧問
日本精神保健福祉学会副会長

最近の主な著書：
『発達障害・精神疾患がある子とその家族がもらえるお金・減らせる支出』（講談社／ 2024 年）、『おかあちゃん、こんな僕やけど、産んでくれてありがとう』（ペンコム／ 2022 年）、『障がいのある人の支援の現場探訪記』（学研教育みらい／ 2021 年）他多数

ワクワクする未来の創造
それは人間として健康的な思いと行動

　人は誰しも、日々の幸せを感じながらワクワクする未来を創造したい。でも、どうしたら創造できるのか、ひとりではその手立てさえつかみ難いものです。そこには、他者の存在が不可欠だと言えます。それは、日常の中で気になる、胸がときめく人の存在です。その人がいつしか、自分と同じ温度で自分のほうを向いてくれたら、そこからワクワクする未来が見えてくるかもしれません。

　自分と他者とが同じ温度になるためには、互いのことを理解し合うための時間も必要です。そこで人は、ちょっと自分のことを伝えたり、相手のことを知る機会を意識的に作ったりします。するとこれらのプロセスが、気づけば恋愛に発展したりもします。さらにその先には、ふたりが愛し合い、セックスに及ぶこともあるでしょう。

　これは何ら特別なことではありません。人間としてごく健康的な思いであり、行動です。ところが、なのです。これらのプロセスの順番を知らなかったらどうなるでしょうか。つまり、相手の気持ちを推し量らずに、いきなりセックスからスタートしようとすれば、事件になってもおかしくありません。

　あるいは、支援者がこれらのプロセスを経て恋愛関係にあるふたりに対して、性行動によって起こり得るリスクを心配するあまり、引き離そうとしたら何が起こるでしょうか。思い合うふたりは、支援者に対して敵意すら感じるはずです。

性への関心は、成長過程で到達する"めざめ"

　発達障害者支援法が2004年に制定され、20年が経過しました。それにより、発達障がいがある人（以下、本人ということも）に対する合理的配慮についても、随分検討されるようになりました。話のアウトラインを最初に示したり、適度な休憩を設けたりといった配慮や、「ふつうに」や「ちゃんと」などという曖昧な言い方ではなく、具体的に伝えることの大切さが提唱されるようになってきました。

　しかし、取り入れられているのは職場、学校などでの他者とのコミュニケーション場面が大半を占めます。これが恋愛の場面となるとどうでしょうか。発達障がいがある人に対して、「恋愛からセックスに至る順序については」などという例示は、まず見られません。そのようななかで、人間の三大欲求（食欲・睡眠欲・性欲）と言われるうちのひとつである"性"に対して、まさに、"めざめ"とともに関心を持つことになるのです。

　その際、発達障がいがある人のなかには、前述のように恋愛のプロセスを踏まないことがあります。そのため支援者や家族の頭には、性行為に伴う問題がまず駆け巡ります。その結果、発達障がいがある人の恋愛そのものを反射的に、あるいは無意識に良くないことと考えてしまいがちです。

性の情報が氾濫する社会でどう対処していくのか

　本人の性にかかわる心配な行動や、それを懸念する支援者や家族の固定観念には共通の背景があります。それは、発達障がいがある人の性に関する情報が、この社会には皆無だということです。それなのに、性の情報は「これでもか」というほど溢れています。また、支援者や家族は、自身の経験からも性について一定の知識を保有していることでしょう。

　ところが、大切なことはここからです。インターネットのアダルトサイトからは、いきなり強引にセックスすることを推奨しているものも目に飛び込んできます。それに対して、支援者や家族が、本人の興味や関心に向き合わず、経験則による言葉だけだったとしたらどうでしょうか。きっと、めざめとともに性の迷路に入ってしまった、生きづらさを抱えている本人の心に届くことは難しいと考えられます。

本人も家族も支援者も、みんないい人

　発達障がいによる生きづらさを抱えながらも懸命に今を生き、未来を志向するなかで他者に関心を持ち、「セックスをしたい」と願う気持ちは、順調な成長の証でもあります。大人への階段を確実に上られていると言えます。

　その一方で、支援者や家族はこれまでの人生経験から、性交渉によるリスクも知っています。だからこそ、支援者や家族は性交渉の結果、過度な精神的負荷がかかってしまうことで大事な大事な本人が傷つかないようにと、危険回避の行動を取りがちになるのです。つまり、本人も家族も支援者もみんないい人であり、一所懸命自分の人生を歩み、他者の幸せを願っていることに気づくことができます。こうした本人、家族や支援者に対して賛辞が送られることはあっても、決して否定されることはないのです。

相談先を活用することのススメ

　発達障がいがある人の恋愛と性行為について、現在では、まだその支援が行き届いているとは言えません。成長とともにめざめのときを迎えたら、支援者や家族はどうやって支えればいいのでしょうか。

　どんな難しい問題にも答えられて、複雑な手続きもすぐにできるような万能な人はいません。例えば、発達障がいがある人が障害年金の申請を自分ひとりで、あるいは自分と家族だけでするのは大変です。なぜなら、人生で最初で最後の1回だけの手続きだからです。経験がないので、何をどう進めるべきかわかりません。時間をかけて勉強しても、その成果が発揮されるのは生涯で1回だけです。それならば、障害年金の受給支援を100回以上しているソーシャルワーカーや、社会保険労務士を活用すればいいということになります。

　では、発達障がいがある人の性の悩みについては誰に相談すればいいのでしょう。それが、本書で再三にわたり紹介をしている相談支援専門員です。

相談支援専門員を活用する7つの意義

　相談支援専門員を活用する意義について、私は以下の7つを挙げます。

　1つ目は、先ほど障害年金受給支援を例示したように、これまで実際に発達障がいがある人の性の支援にかかわった複数回の経験を持っているからです。本人や家族、他の支援者はその経験談を聞くだけでも少し未来が見えてきます。

　2つ目は、二者関係ではなくチームで対応しようとするからです。保健、医療、福祉をはじめ、多くの関係機関の応援団がいることは、どれほどの勇気を与えてくれるでしょうか。

　3つ目は、使える制度や情報を始め社会資源の活用をしようとするからです。ちなみに社会資源とは、国の法律、自治体の条例、企業等のサービス、さらには専門家やピアサポートとしての仲間などを含みます。

　4つ目は、性の背景にある、本人が潜在的に求めている承認欲求なども含めて支持的にかかわるからです。誰でも最初は支援者に疑心暗鬼になりがちです。「この人は自分のことを本気で考えてくれる人だろうか」と、支援者に対して、試すような振る舞いをすることがあるかもしれません。それも含めて、ファーストコンタクトからきちんと本人を受けとめる相談支援専門員は、本人や家族にとって安心して自己開示ができる存在になります。

　5つ目は、暮らし全体の生活支援という大きな枠組みから、性のことについてかかわるからです。実は、性の周辺にはお金や居場所、成功体験をはじめ、これまでの本人の人生が色濃く関連していることがあります。相談支援専門員はこれらのことを含めて立体的なかかわりをします。

　6つ目は、本人や家族、誰もがハッピーになることについて、伴走しながらも最終的に本人の自己決定を求めるからです。相談支援専門員は命の誕生をともに喜んだり、一方で性交渉のリスクなどについて説明しながらも、本人に対して、自分自身の人生に責任を持つことの大切さを伝えます。その

上で、最終的に本人が自己決定をし、相談支援専門員はそれを応援します。

　そして7つ目は、発達障がいがある人の自己実現を目指すからです。間違っても、周囲が先回りをしたり、「あなたのために」と言いながらも本人の気持ちを受けとめず、支援者が安全重視のかかわりをすれば、それは自己満足になってしまいます。"自己実現"と"自己満足"とでは、同じ四文字熟語でも、主語が発達障がいがある人になっているか、支援者になっているかで大違いです。

家族は「あなたの味方」というかかわりを

　このように相談支援専門員に依頼をすることで、家族の役割は無くなるのでしょうか。まったくそんなことはありません。ぜひ、言語・非言語で「あなたの味方だから」というかかわりを、細く長く続けてください。

　そして相談支援専門員の存在によって、少し気持ちの余裕ができたならば、わずかでも自分のための時間を作ってください。他者からやさしくされ、自分の人生を少しでも豊かにすることで、本人の思いを汲み取ることに目が向きます。何よりも、以前よりちょっと、本人に対してやさしくなれます。

　私自身、精神・発達障がいがある人や家族の支援に40年近くかかわってきました。そのことから、恥ずかしながら私はそれなりの知識を持っていると思っていましたが、そうではないことを本書で突きつけられています。性について、辻さんが相談支援専門員としてかかわった内容や考え方など、本書には私自身が想像もできなかったような事実で埋め尽くされています。ある意味、人が最も腑に落ちるとされる「なるほど」が満載です。

知ることは未来を創造すること

　知ることは生きること。そして、知ることは未来を創造することにつながります。今、成長による"めざめ"とともに、性のことで悩んでいる発達障がいがある本人、また、本人とのかかわりに困惑している家族や支援者の方へ。繰り返しになりますが、皆さんいい人ばかりですし、何ら問題はありません。むしろ自分とその周囲にいる人の幸せを望んでいるからこそ、人は悩むのです。葛藤するのです。ある意味、それらは人間らしい営みだと言えるでしょう。

　ですが、性については、目の前で起こったことに対して短時間で取り組まざるを得ないような、緊急的な状況も珍しくありません。そのようなとき、行動を起こす、あるいは思考を巡らすきっかけとして、本書を活用していただければと願っております。

　誰にとっても、唯一無二の一度きりの人生です。誰もが、産まれてきてよかった、人っていいな、と思える今、そして未来を願ってやみません。そんな社会になるために、人々の笑顔を見るために、私も辻さんと同じく、多くの発信を今後も続けていくことを最後に宣言して、筆を置かせていただきます。

　心より、皆さんの今と未来を応援しています。

協力

大森恭子
相談支援専門員
日本福祉大学大学院　社会福祉学修士
一般社団法人はーとプロジェクトの運営と、福祉関係事業所の代表を兼務。
愛知県相談支援整備体制事業地域アドバイザーを経て、愛知県障害児等療育支援事業、子どもの委託相談等の相談支援事業にも携わっている。

土崎幸恵
相談支援専門員
看護師・保育士・宅地建物取引士
日本福祉大学大学院　社会福祉学修士
NPO法人すくすくはあと理事
児童発達支援・放課後等デイサービス事業所すくすくキッズの運営を経て、現在は相談支援専門員として地域の障がい者福祉に携わっている。
［主な著書］
『そだちとともに　発達適育サポートブック』（とおとうみ出版／2022年）、『発達かあさん　ソーシャルワークで起業する』（世音社／2022年）

桂木祥子
相談支援専門員
精神保健福祉士・公認心理師
2003年、大阪にてLGBTQと女性のためのセンターQWRC立ち上げに関わる。同団体共同代表。相談支援専門員として従事をしながら、LGBTQに関わる個別相談やSNS相談、18歳以下のLGBTQの会やLGBTQの子どもがいる保護者の会の開催等、精力的に活動をしている。
［主な著書］
共著『LGBTサポートブック：学校・病院で必ず役立つ』（保育社／2016年）、共著『LGBTなんでも聞いてみよう中・高生が知りたいホントのところ』子どもの未来社／2016年）

めざめとともに　性と愛の迷路サポートブック
2024年12月10日　初版第1刷

著　者	辻　圭輔
発行者	藤本　涼子
発行所	そらの子出版

〒191-0016　東京都日野市神明4-17-26-101
Tel: 050-3578-6299　Fax: 042-582-7840
E-mail: info@soranoko.co.jp

企画・製作	一般社団法人 適育適生プロジェクト
編集・デザイン・DTP	合同会社 そらの子堂
印刷・製本	モリモト印刷株式会社

©TEKIPRO　本書中のイラストを含む権利は（一社）適育適生プロジェクトに帰属します。また、本書中のすべての内容、及び二次使用を希望される際のお問い合わせ先は info@tekipro.com となります。

＊本書は、強く、開きやすく、環境にやさしい「PUR製本」です。
Printed in Japan
乱丁・落丁本はおとりかえいたします。

ISBN978-4-911255-03-2